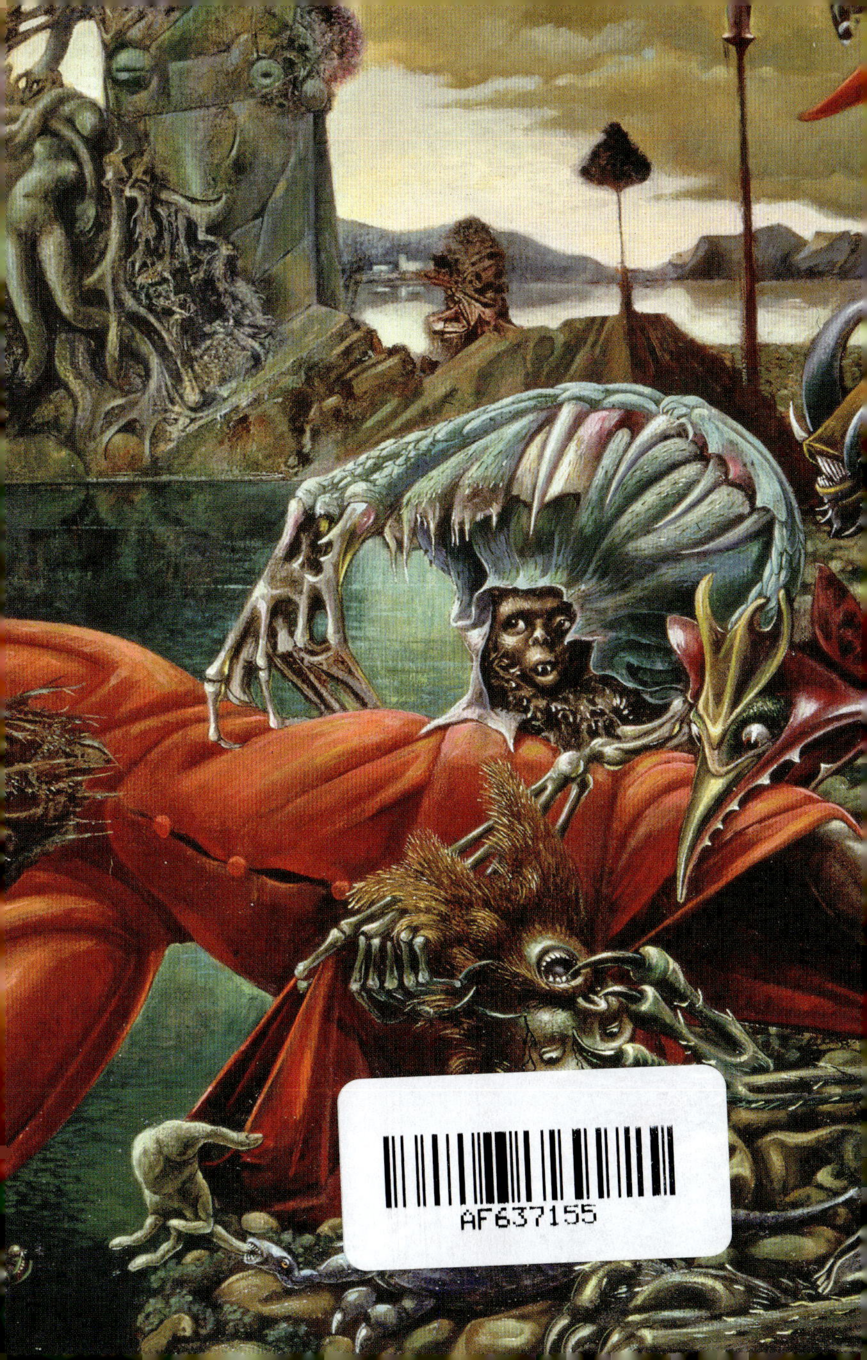

WIENAND[S] KLEINE REIHE
DER KÜNSTLERBIOGRAFIEN

WEITERE TITEL:

MAX ERNST
ALEXEJ JAWLENSKY
ERNST LUDWIG KIRCHNER
GUSTAV KLIMT
KÄTHE KOLLWITZ
WILHELM LEHMBRUCK
MAX LIEBERMANN
AUGUST MACKE
PAULA MODERSOHN-BECKER
GABRIELE MÜNTER
EGON SCHIELE
MAX SLEVOGT
MARIANNE VON WEREFKIN

Jürgen Wilhelm

MAX ERNST

Wienand

Für Werner Spies

Inhalt

EXKURSE

Mein Vagabundieren, meine Unruhe, meine Ungeduld, meine Zweifel, mein Glaube, meine Halluzinationen, meine Lieben, meine Zornesausbrüche, meine Revolten, meine Widersprüche haben kein Klima geschaffen, das einem ruhigen, heiteren Werk günstig wäre. Max Ernst

Seine Augen tranken alles, was in seinen Sehkreis kam

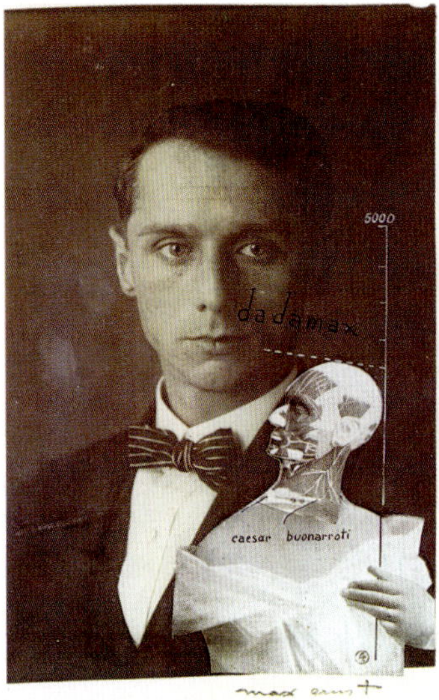

Selbstporträt, The punching ball ou l'immortalité de buonarroti, 1920, Foto-Collage, Gouache und Tinte, 17,6 × 11,4 cm

Max Ernst (1891–1976) ist wohl der international bedeutendste in Deutschland geborene Künstler des 20. Jahrhunderts. Seine Biografie ist atemberaubend, seine Vielfalt, sich künstlerisch auszudrücken, meisterhaft, ja genial. Er entwickelt ein reiches und in Ausdruck und Technik außerordentlich vielfältiges Werk, das früh seine Bestimmung in den Erscheinungen der Welt außerhalb rationaler Erfahrungen suchte. Nie homogen, ist es aber dennoch auf wundersame Weise durchgehend erkennbar, obwohl es eine künstlerische „Handschrift", die dieser Erkennbarkeit dienen könnte, gerade nicht aufweist. Diese pluralistische Entfaltung gehört zu seinem abenteuerlichen Lebensstil ebenso wie zu seiner künstlerischen Methodik. Im Dokumentarfilm *Max Ernst – Mein Vagabundieren, meine Unruhe* von Peter Schamoni heißt es: „So spricht und dichtet er eigentlich in drei Muttersprachen und besitzt heute mehrere Vaterländer. Er ist: kurz gesagt, ein Weltbürger."

Max Ernst wird zwar im 19. Jahrhundert geboren, aber in eine turbulente Zeit hineinwachsen, die durch monarchische Hierarchie, Kriege, Zerstörung, demokratischen Aufbruch, Diktatur und erneute Zerstörung sowie furchtbare Verbrechen und Abgründe gekennzeichnet ist, die allesamt von Deutschland ausgehen. Deutschland, im Herzen Europas, das von vielen Völkern als Inbegriff einer Kulturnation gesehen wird, verliert sich im Rausch der Selbstbezogenheit und selbst attestierten Überlegenheit und wird am Ende jeweils zum Verlierer, in politischer, wirtschaftlicher, kultureller und – was am schwersten wiegt – moralischer Hinsicht. Das 20. Jahrhundert zeigt sich in der ersten Hälfte von seiner grausamsten Seite, und außerhalb Europas setzt sich dieser Weg, durch Ideologien nur scheinbar legitimiert, mit menschenverachtendem und rücksichtslos vernichtendem Impetus fort.

Kaum 23 Jahre alt, wird Max Ernst als Soldat die Grausamkeiten des Ersten Weltkriegs erleben und mit Verletzungen erleiden. Dem sinnlosen Sterben einer ganzen Generation von jungen Männern, zumal Frankreichs und Deutschlands, ist er täglich ausgesetzt, kommt aber mit dem Leben davon. Was folgt, ist seine erste künstlerische Reaktion von Rang. Er setzt dem vermeintlich Rationalen das Verrückte, das Zufällige, das Irrationale als bewusste Provokation gegen die schon wieder eintretende, das Furchtbare verkleisternde Routine entgegen. Max Ernst wird Dada-Max. Seine Ausstellungen, die er mit Hans Arp und Theodor Baargeld organisiert, erregen Aufsehen, werden als künstlerische Aussage verlacht und geschmäht, aus „Vorsicht" von den Behörden verboten.

Das Revolutionäre seines Geistes wird schon früher geweckt. Als er an der klassisch-konservativen Universität in Bonn Philosophie und Psychologie studiert, besucht er auch das dortige psychiatrische Krankenhaus. Max Ernst entdeckt die künstlerischen Arbeiten der psychisch kranken Menschen, denen damals keinerlei künstlerischer Wert beigemessen wird, und ist sogleich fasziniert. Anders als die Therapeuten und Ärzte, die die aus Brotteig geformten Artefakte lediglich als Zeitvertreib und nicht als Teil einer Therapie sehen, erkennt Max Ernst, dass es offenbar wirkungsmächtige Einflüsse auf die künstlerische Kreativität gibt, die jenseits des Rationalen und einem Verständnis, das „Kunst" mit handwerklichem „Können" gleichsetzt, zu suchen sind. Die Grundlagen für eine Vorstellung der Welt, des Handelns der Menschen und des Verhaltens der Tiere, des Vorhandenseins von Bäumen und Wäldern über dem realen, also einer „surrealen" Auffassung dessen, was nur vermeintlich real ist oder derart betrachtet wird, sind gelegt. Max Ernst wird nach dem Ende des Ersten Weltkriegs und der Dada-Zeit auf Menschen treffen, die ihm gleichgesinnte Erkenntnisse gewonnen haben, und er wird als bildender Künstler der Hauptvertreter des Surrealismus. Im Laufe seines Lebens wird er viele künstlerische Techniken erfinden oder doch neu anwenden und auf diese Weise internationale Kunstgeschichte schreiben.

Obwohl die „Erbfeindschaft" in Deutschland und Frankreich vor, während und auch nach dem Ende des Ersten Weltkriegs weiterhin das politische Geschehen beherrscht, entschließt sich Max Ernst, sein Leben vom Rhein an die Seine zu verlegen. Ein beinahe beispielloser Schritt mit völlig ungewissem Ausgang in jeder Hinsicht. Dort agiert er im Umfeld weniger Freunde und noch weniger Sammler und kaum Galeristen und setzt seine künstlerische Produktion mit ungeheurem Fleiß und innerer Selbstsicherheit konsequent fort. Von der Öffentlichkeit wenig beachtet, erzielt er den einen oder anderen Achtungserfolg. Von der Aggressionspolitik seines Heimatlands verfolgt, in Deutschland als „entartet" gebrandmarkt, gelingt ihm die Flucht aus Frankreich in die USA, wo er die nächsten zehn Jahre seines Lebens verbringt. Dort findet er nach drei gescheiterten Ehen und vielen Liebschaften seine letzte große Liebe, die Malerin Dorothea Tanning (1910–2012). Sein Werk wird in Fachkreisen zunehmend anerkannt und gerühmt, gilt jedoch sowohl in den USA und erst recht in Europa weiterhin als unverkäuflich. Das wird sich erst nach seiner Rückkehr nach Frankreich durch die Verleihung des Großen Preises für Malerei der Biennale Venedig im Jahr 1954 ändern. Jetzt folgen Ausstellungen in den renommiertesten Museen der Welt, auch der Beifall all derer, die ihn vorher missachtet hatten, ist ihm nun gewiss.

Wir deutschen Dadaisten und Surrealisten haben vielleicht etwas wiederentdeckt, was von den Älteren vernachlässigt worden war. Max Ernst

Als Schriftsteller ist er zwar nicht hervorgetreten; er hat jedoch in mehreren Texten anhand von Daten und Fakten seine künstlerische Entwicklung und Ansichten über seine Malerei sowie eine mehrfach fortgesetzte Autobiografie hinterlassen. Damit verstanden wird, dass dieser Text nicht in allem wörtlich zu nehmen und historisch korrekt einzuordnen ist – obwohl die Zuordnungen zu den Lebensjahren korrekt sind –, versieht er seine *Biographischen Notizen* mit dem Untertitel *Wahrheitsgewebe und Lügengewebe*, in Anlehnung an Goethes Autobio-

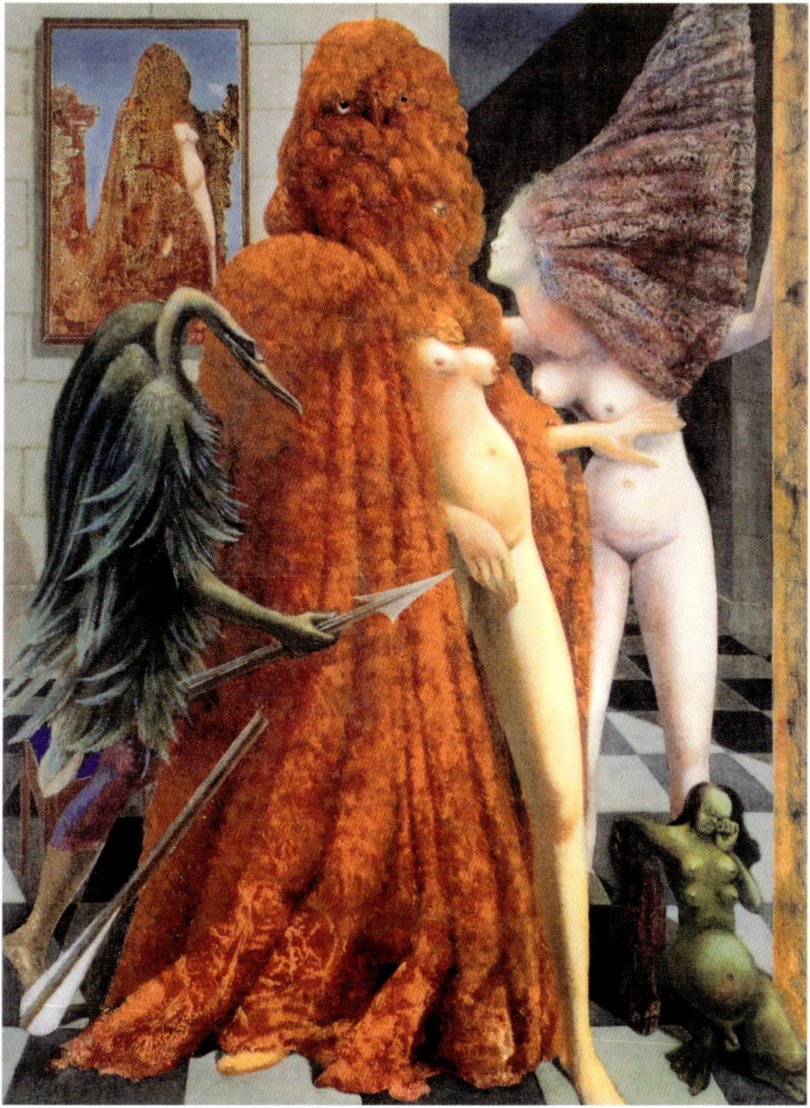

Die Einkleidung der Braut, 1940, Öl auf Leinwand, 129,6 × 96,3 cm

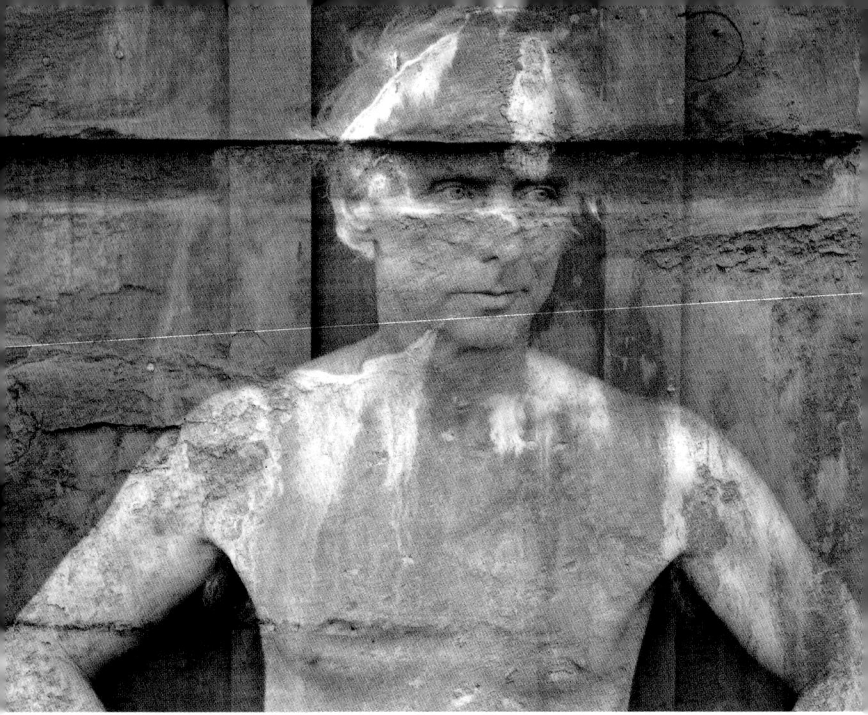

Max Ernst, 1946, Foto: Frederick Sommer

grafie *Dichtung und Wahrheit,* und schreibt von sich stets nur in der dritten Person.

Die in den 1950er-Jahren allmählich eintretende Berühmtheit und die damit einhergehende wirtschaftliche Unabhängigkeit genießt er in vollen Zügen. Seine Vorstellung von persönlicher Freiheit, jedwede Ablehnung politischer Vereinnahmung und das oberste Prinzip künstlerischer Selbstverwirklichung geraten nie ins Schwanken. Max Ernst folgt keiner Konjunktur. Er selbst steht in der zweiten Hälfte des 20. Jahrhunderts als einer der Größten seiner Art da. Er ist, nicht zuletzt durch seinen Lebenslauf, ein Weltbürger geworden und wird als solcher heute international zu Recht gefeiert.

Die Anfänge im Rheinland

GLÜCKLICHE KINDHEIT, VERTRACKTE SCHULZEIT – UND EIN VOGEL

„Am 2. April 1891 in der Kleinstadt Brühl, nicht weit vom heiligen Köln, schlägt er die Augen auf." So beschreibt Max Ernst in seinen *Biographischen Notizen* von 1962 seine erste Begegnung mit der Welt und gibt die Worte seines Freundes wieder: „‚Da sah er, dass es nicht mehr dunkel war und fühlte Hauch und Blick ins Weite blitzen.'"

Mit dem hier zitierten Johannes Theodor Kuhlemann, einem Dichter und Verleger, späteren Liedtextschreiber des Kölner Karnevals, verbindet Max Ernst eine enge Freundschaft. Er wird 1919 sein erstes Buch mit Gedichten von Kuhlemann unter dem versöhnlichen Titel *Consolamini* (trösten, kümmern, ermuntern) illustrieren. Auch wird Kuhlemann der Trauzeuge seiner ersten Ehe mit Luise Straus sein.

Schon auf der Schule waren mir Pflichten verhasst. Max Ernst

Max Ernst wächst als drittes Kind mit acht Geschwistern trotz der überlieferten Strenge seines katholischen Vaters Philipp Ernst (1862–1942), einem Taubstummenlehrer und eifrigen Hobbymaler mit einigem Talent, behütet auf. Die Familie wohnt in einem heute als „Fantasie Labor" vom Max Ernst Museum Brühl genutzten hübschen bürgerlichen Haus in der Schloßstraße 21, direkt gegenüber dem barocken Schloss Augustusburg. Das Rathaus liegt um die Ecke, die Geschäfte sind ebenfalls fußläufig zu erreichen; auch der Schulweg ist kurz und im beschaulichen Städtchen ohne Probleme zu bewältigen.

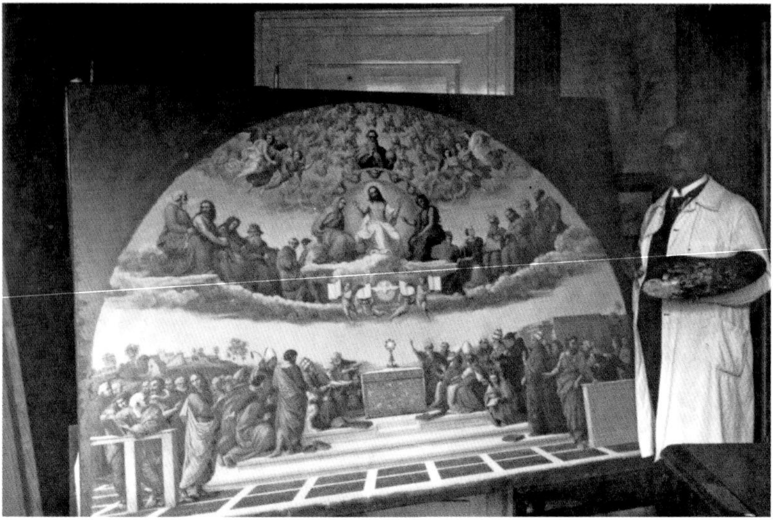

Max Ernsts Vater Philipp Ernst vor seinem Gemälde
Disputa des Sacramento nach Raffael, um 1930

Obwohl er ein distanziertes Verhältnis zu seinem Vater hat und der Liebe der ihm Märchen vorlesenden Mutter Luise Ernst (geb. Kopp, 1865–1949) zuneigt, lässt uns Max Ernst doch wissen, dass lange Spaziergänge und die Malerei seines Vaters im Freien, bei der auch der junge Max Porträt sitzen musste, ihn nachhaltig mit der bildenden Kunst vertraut gemacht haben. So malt der Vater seinen Sohn 1896 als verträumtes, segnendes Jesuskind. Wenn dieses Bild auch am Rande des Kitsches anzusiedeln sein dürfte, kann das durchaus vorhandene künstlerische Talent seines Vaters nicht übersehen werden. Und es spricht sich mit den Jahren über die engen Grenzen des Städtchens hinaus herum, dass Vater Ernst ein durchaus begabter Porträtist ist. Er erhält regelmäßig Porträtaufträge von Kölner Familien, obwohl sich die Fotografie mit Nachdruck auszubreiten beginnt. In bürgerlichen Kreisen gilt es als vornehmer, sich, wenn auch nur von einem Amateur, malen zu lassen.

Familie Ernst, jeweils von links nach rechts, vorn: Mutter Luise, Loni, Vater Philipp; hinten: Max, Emilia, Luise, Elisabeth und Karl, um 1914

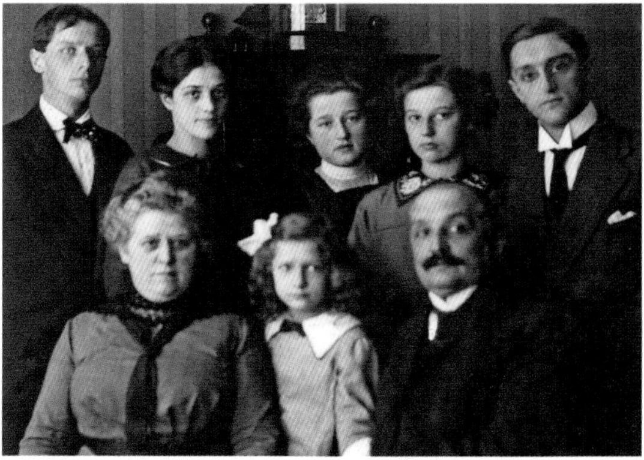

Die Schulzeit in der Volkschule und auf dem Gymnasium Brühl, dem einzigen im gesamten Landkreis Köln, übersteht er – wenn auch mit einigen Schrecknissen – insgesamt gut. Max Ernst erinnert sich: „Da ich von robuster Kondition war, habe ich ohne großen Schaden die Qualen des Unterrichts und die schrecklichen Absurditäten der wilhelminischen Erziehung über mich ergehen lassen." Im Rückblick und insbesondere durch seine eigenen Bekenntnisse wird deutlich, dass in ihm von früher Jugend an etwas rebelliert, sich gegen das autoritäre Verhalten sowohl des Vaters als auch der Umgebung auflehnt. Er sagt dazu: „Schon auf der Schule waren mir Pflichten verhasst. Allein der Ton des Wortes ‚Pflicht' hat mir immer Schrecken und Abscheu eingeflößt. Dagegen haben mich das Wertlose, die flüchtigen Vergnügungen, das Schwindelgefühl, die kurz dauernde Wollust, revoltierende oder großsprecherische Dichtung, Berichte von wirklichen oder eingebildeten Reisen und all das, was unsere Moralprofessoren ‚eitlen Wahn' und unsere Theologieprofessoren die drei Quellen des Bösen (Augenlust, Fleischeslust und Eitelkeit des Lebens) nannten, unwiderstehlich angezogen. So habe ich schon von der Wiege an meine ‚Pflichten' vernachlässigt, um mich den drei Quellen des Bösen hinzugeben. Unter ihnen herrschte die Lust zu sehen vor. Sehen war meine erste und liebste Beschäftigung."

Hier wird deutlich, dass Max Ernst einen unstillbaren Drang nach persönlicher Freiheit sowie eine Neugier auf das Fantastische und Nichtalltägliche hat. Die Erforschung des Traumes, seine Sinnenfreude, vor allem aber das mit Lust Gesehene, und dies alles künstlerisch mitzuteilen, trägt er allzeit mit sich.

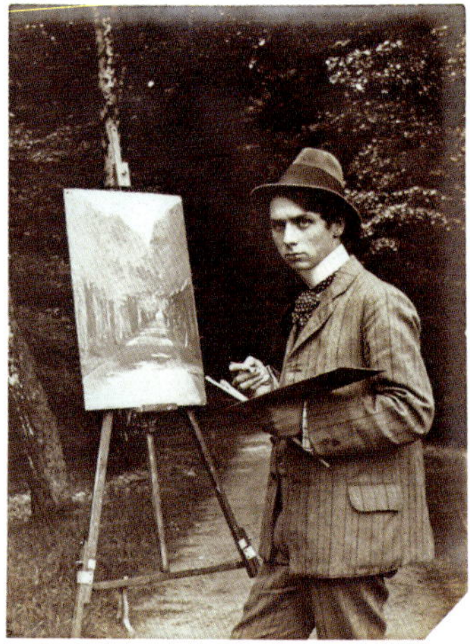

Max Ernst als junger Mann im Freien vor einer Staffelei, 1909

Vieles in der Kunst von Max Ernst, vor allem seine lebenslange Beziehung zu Vögeln, wird durch ein Schlüsselerlebnis deutlich, das ihn schockiert und in seinem Innersten trifft. Bei der Geburt seiner Schwester Loni im Jahr 1906 stirbt gleichzeitig, so schildert es uns der Künstler, sein geliebter Kakadu und bringt Unordnung in sein Leben. Wörtlich: „Eine Art von Ausdeutungswahn, als ob die eben geborene Unschuld, Schwester Loni, sich in ihrer Lebensgier des lieben Vogels Lebenssäfte angeeignet hätte.“ Obwohl dieses Zusammentreffen der Geburt und des Todes fiktiv ist – denn der Kakadu lebt nach der Geburt der Schwester noch einige Zeit weiter –, kommt dieser Schilderung für die Vorstellungswelt des Künstlers eine große Bedeutung zu. Die häufige Verwendung von Vogelköpfen in seinen Bildern, vor allem auch bei den für sein Œuvre sinnbildlichen Collagen, ist offenbar auf dieses Erlebnis und mögliche weitere Traumfantasien des Jünglings zurückzuführen. Den von ihm erfunde-

> **Macke war wirklich ein großer Künstler, und ich schuldete ihm große Dankbarkeit, als ich ein junger Mann war.** Max Ernst

nen Vogel Loplop bezeichnet er selbst als sein Alter Ego. Die Kunst von Max Ernst ist weder realistisch noch abstrakt, sondern bildhaft, emblematisch. Der Mensch wird, von wenigen Ausnahmen abgesehen, nicht figurativ, also als solcher erkennbar, sondern durch etwas anderes, ihn Vertretendes dargestellt, am häufigsten durch einen Vogelkopf. Bereits in diesen jungen Jahren wird der Grund gelegt für sein lebenslanges Interesse an Erfahrungen, die jenseits des Realen, Erfahrbaren und über das tatsächlich Wahrnehmbare Hinausgehende liegen.

KEINE KUNSTAKADEMIE, ABER PHILOSOPHIE, PSYCHOLOGIE UND KUNSTGESCHICHTE AN DER UNIVERSITÄT BONN

Max Ernst kokettiert Zeit seines Lebens mit der Tatsache, dass er keinen akademischen Abschluss erreicht hat oder nicht erreichen wollte. So schreibt er über sein im Jahr 1910 beginnendes Studium an der Universität Bonn, dass er alle Studien „sorgfältig vermeidet, die zum Broterwerb ausarten können." Er belegt Philosophie, Psychologie und Kunstgeschichte sowie einige Nebenfächer. Ein zielgerichtetes Studium mit einem konkreten Berufswunsch sähe anders aus. Während dieser Studienjahre saugt er alles wie ein trockener Schwamm in sich auf, ist fasziniert von den Erkenntnissen Sigmund Freuds und denkt sogar eine kurze Zeit darüber nach, Psychiater zu werden. Parallel zum Studium setzt er die schon während der Schulzeit begonnenen Besuche in den Museen fort. Er lässt sich von vielen Künstlern, deren Arbeiten er dort sieht, inspirieren. Hierzu zählen Vincent van Gogh, was man am Frühwerk *Landschaft in Sonne* (1909) unschwer erkennt, Paul Gauguin, Henri Matisse, Georges Seurat, Wassily Kandinsky und Caspar David Friedrich, von dessen träumerischen Landschaftsdarstellungen er beeindruckt ist. Er wird später oft sagen, dass die romantischen Bilder dieses Künstlers nachhaltig auf ihn gewirkt haben.

Auf der in Köln stattfindenden *Sonderbundausstellung* im Jahr 1912 sieht er zudem Arbeiten von Pablo Picasso, Paul Cézanne, Henri Matisse und Edvard Munch. Allein von van Gogh waren auf dieser Ausstellung über 100 (!) Werke zu sehen. Mit August Macke, in dessen offenes Haus in Bonn er zum ersten Mal 1911 eingeladen wird, entwickelt sich eine intensive Freundschaft. Er lernt über den nur wenige Jahre jüngeren, aber bereits weit gereisten Robert Delaunay den Dichter Guillaume Apollinaire kennen. Macke schwärmt Max Ernst von Paris vor, wo er unter anderen mit Matisse zusammengetroffen war. Durch Theaterkritiken und kleinere Beiträge in regionalen Zeitungen verdient Ernst sich das notwendige Geld, um 1913 für fünf Wochen nach Paris zu fahren. Er nutzt jedoch die von Macke geebneten Wege zu Künstlern wohl auch der mangelnden Kenntnis der französischen Sprache wegen nicht, sondern konzentriert sich auf Besuche im Louvre und genießt das Fluidum der Bohemiens auf Montmartre, das ihn mit seiner Lebensfreude und künstlerischen Frische und Offenheit begeistert.

1913 wird Max Ernst erstmals eingeladen, Arbeiten auf zwei Kunstausstellungen zu zeigen. Er nimmt am *Ersten Deutschen Herbstsalon* in Berlin sowie an der *Ausstellung Rheinischer Ex-*

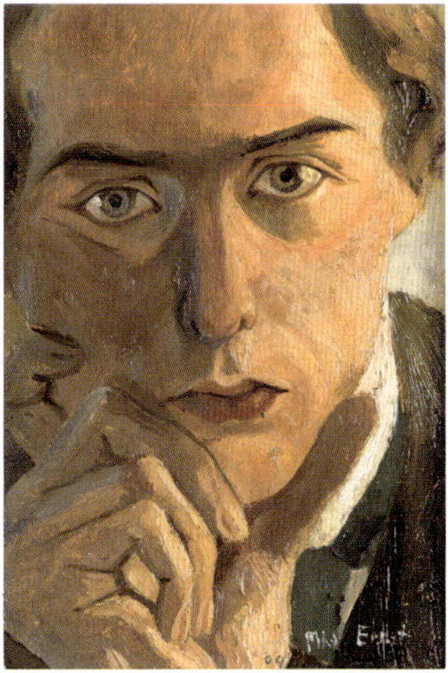

Selbstporträt, 1909, Öl auf Karton, 18 × 12 cm

pressionisten in Bonn teil und erhält von dem Kritiker der *Frankfurter Zeitung* eine freundliche Erwähnung als experimentierfreudiger Künstler, dem schöne Farbklänge gelungen sind, obwohl seine Arbeiten damals noch stark an seinen Vorbildern ausgerichtet sind und sich zwar vom Duktus eines klassisch-konservativen Malstils gelöst haben, jedoch noch keinen eigenständigen künstlerischen Weg erkennen lassen. Sowohl die Ausstellung der Futuristen als auch die des Expressionismus weisen in eine Richtung, der er später nicht folgen sollte. Darüber hinaus stellt er bei der Künstlervereinigung Junges Rheinland aus.

Wie beeinflussbar und offen für Neues der aus der Provinz kommende Max Ernst ist, zeigt vor allem die Freundschaft mit Hans Arp, dem er zum ersten Mal 1914 auf der *Kölner Werkbundausstellung* begegnet und von dessen revolutionärem Geist, seinen wilden Gedichten er begeistert ist. Arp ist Vorbild für den noch suchenden Künstler, weil er selbst seinen Weg noch nicht gefunden hat, aber keinerlei Konzessionen an den Kunstmarkt macht, sondern freudig experimentiert. Max Ernst bescheinigt ihm in seinen Memoiren später, wahrscheinlich der erste Surrealist gewesen zu sein, bevor es diese Kunstbewegung überhaupt gab. Die Freundschaft mit Arp wird, wie wir noch sehen werden, außerordentlich fruchtbar für Max Ernst sein und bis zum Tod von Arp im Jahr 1966 halten.

Die Erfindung des Surrealismus in der Malerei

Die wissenschaftlichen Forschungen zum Unbewussten durch die Psychiatrie, insbesondere Sigmund Freuds, bilden die Grundlage der Entdeckung und Entwicklung einer geistigen Bewegung zunächst durch Schriftsteller und Philosophen, danach auch von bildenden Künstlern, für die sich der Begriff Surrealismus etabliert hat. Das revolutionär Neue dieser Erkenntnisse wird deutlich, wenn man bedenkt, dass der Mensch jahrhundertelang mit der Idee lebte, dass alles, was man sieht, eine (gottgegebene) Wirklichkeit spiegelt, die mit dem Verstand rational erfassbar ist. Nun aber entdeckt Sigmund Freud, und ihm folgend die Surrealisten, dass Erkenntnisprozesse beim Menschen keineswegs ausschließlich rational ablaufen. Es sind vielmehr häufig Traum- und Rauscherlebnisse, die auf den Einzelnen einströmen und die ihm bewusstseinserweiternde Erkenntnismöglichkeiten öffnen. Katholische Kirche und Traditionalisten laufen gegen diese Sichtweise Sturm. Der Surrealismus versteht sich daher von Anfang an auch als eine gesellschaftliche Bewegung, die sich gegen das traditionelle Kulturverständnis der Bourgeoi-

Die Jungfrau züchtigt das Jesuskind, 1926, Öl auf Leinwand, 196 × 130 cm

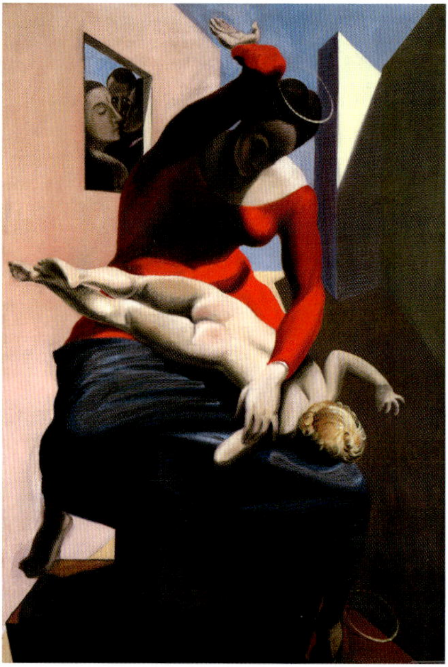

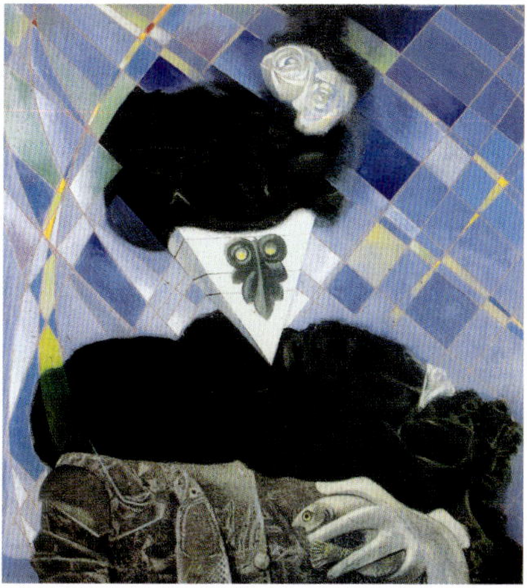

Euklid, 1945, Öl auf Leinwand, 65,4 × 57,5 cm

sie stellt und damit auch deren Werteverständnis attackiert.

Zu Beginn stößt der Surrealismus deshalb auf intellektuelles Unverständnis und weitgehende gesellschaftliche Ablehnung; er wird von konservativen Kritikern als anarchistische und insgesamt gefährliche, weil umstürzlerische Kunstauffassung bezeichnet. In der Tat ist er revolutionär, denn er will Dinge zusammenbringen, die noch nie zusammen gesehen und danach in eine künstlerische Form gegossen wurden. Zunächst sind es Schriftsteller, die sich surrealistisch äußern. Den Durchbruch zur Malerei schafft Georgio de Chirico, von dem auch Max Ernst beeinflusst wird. Um zu verdeutlichen, wie viel Einfluss das Unbewusste auf malerische Schaffungsprozesse haben kann, schreibt Max Ernst 1936: „An einem regnerischen Tag des Jahres 1919, in einer Stadt am Rhein, fiel mir auf, mit welcher Besessenheit mein irritiertes Auge an den Seiten eines Bilderkataloges haftete, in dem Gegenstände zur anthropologischen, mikroskopischen, psychologischen, mineralogischen und paläontologischen Veranschaulichung abgebildet waren. Dort standen Bildelemente nebeneinander, die einander so fremd waren, dass gerade die Sinnlosigkeit dieses Nebeneinanders eine plötzliche Verschärfung der visionären Kräfte in mir verursachte und eine halluzinierende Folge widersprüchlicher Bilder wachgerufen wurde."

In diesen Aufbruchjahren, in die sich trotz immer noch preußischer Strenge und Rückwärtsgewandtheit so etwas wie Freiheitsgefühle eingeschlichen haben, denen auch Raum gegeben wird, solange sie nicht als politisch gefährlich eingestuft werden, trifft der Beginn des Ersten Weltkriegs, der von Scharfmachern in Wien und Berlin provoziert wurde, die rheinischen Künstler – und selbstverständlich nicht nur diese – wie ein Schlag ins Gesicht.

> **Und dann die große Schweinerei. Niemand aus dem Freundeskreis hat's eilig, sein Leben zu opfern für „Gott, König und Vaterland".** Max Ernst

Mit des Künstlers eigenen Worten: „Und dann die große Schweinerei. Niemand aus dem Freundeskreis hat's eilig, sein Leben zu opfern für Gott, König und Vaterland. August Macke hielt es wenige Tage vor Kriegsbeginn noch ‚für unmöglich', dass es zum Krieg komme. Arp und Ernst jedoch sahen es Wochen im Voraus und waren entsprechend alarmiert. Es droht der Krieg, und diese Katastrophe wird alles vernichten, was uns lieb ist, unsere Jugend, unser Streben, unser Glück."

Nicht alle waren also „kriegsbesoffen", wie es später oft heißt. Diese angebliche Kriegsbesoffenheit mit den propagandistisch in Szene gesetzten ersten filmischen Reportagen, die täglich auf die Menschen einstürzten, weicht bei den jungen Männern, die dem Geschrei nach nationalem Stolz und Ehre aufgesessen sind, schon in den ersten Kriegstagen bei den allermeisten brutaler Ernüchterung. In den Kölner Künstlerkreisen

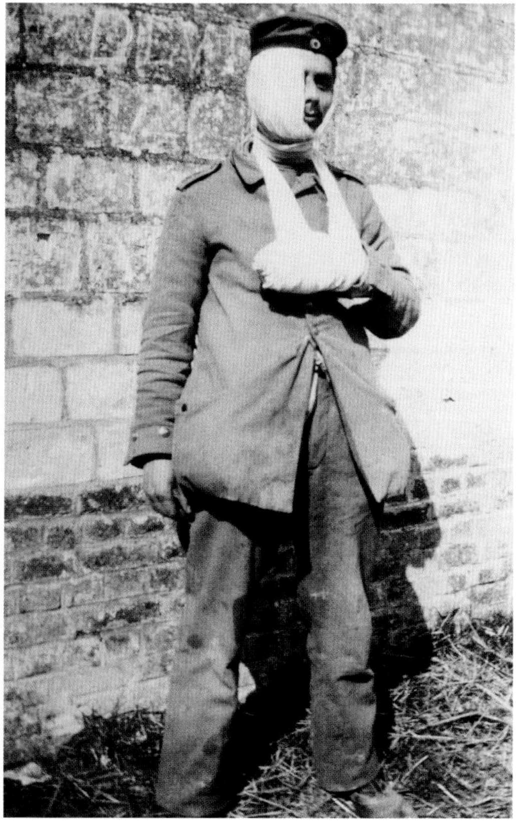

Max Ernst mit Kriegsverwundungen, 1915

steht die Haltung von August Macke allein dagegen und ist allen anderen unbegreiflich: Macke meldet sich freiwillig und fällt in den ersten Kriegswochen mit nur 27 Jahren an der Front in Frankreich.

Max Ernst trifft es besser, leidet aber dennoch äußerst stark, wie wir durch seine Briefe wissen, unter den schrecklichen Umständen an der Front in Frankreich. Er wird mehrfach verwundet und – gegen seinen Willen – gegen Ende des Krieges 1918 zum Leutnant befördert.

Die Erfindung von Dada und wie daraus eine Kunstbewegung wurde

DIE VERRÜCKTEN JAHRE NACH DER URKATASTROPHE

Mitten in dieser ersten Kriegskatastrophe des 20. Jahrhunderts gibt es jedoch auch kurze Lichtblicke. So werden Max Ernst für den Besuch einer Ausstellung in der Berliner Galerie Der Sturm, zu der er Arbeiten geliefert hat, im Januar 1916 einige Tage Urlaub gewährt. Er trifft dort auf George Grosz und Wieland Herzfelde sowie dessen Bruder Helmut, der sich später den Namen John Heartfield gibt. Die Brüder und George Grosz sind ebenso angeekelt von den Kriegsgräueln, die sie erlebt haben, wie Max Ernst und erörtern, was sie gegen den starken Militarismus in der deutschen Gesellschaft tun können. Die Brüder Herzfelde gründen den Malik Verlag, geben Portfolios mit Arbeiten ihres Freundes George Grosz heraus und wollen mit vielen Publikationen das unterstützen, was zeitgleich in Zürich als Widerstand gegen den als sinnlos empfundenen Krieg aufbricht: Dort gründen im Februar 1916 die Rumänen Tristan Tzara und Marcel Janco, die Deutschen Richard Huelsenbeck, Emmy Jennings und Hugo Ball und der Elsässer Hans (Jean) Arp das **Cabaret Voltaire*** und tragen Gedichte mit wirren, bewusst

DaDa war eine Bombe! DaDa war das Resultat von intellektuellem und materiellem Hunger. DaDa war eine Explosion, es war eine Katastrophe, eine Sabotage an der bürgerlichen Gesellschaft, ein Generalstreik der Intellektuellen. Max Ernst

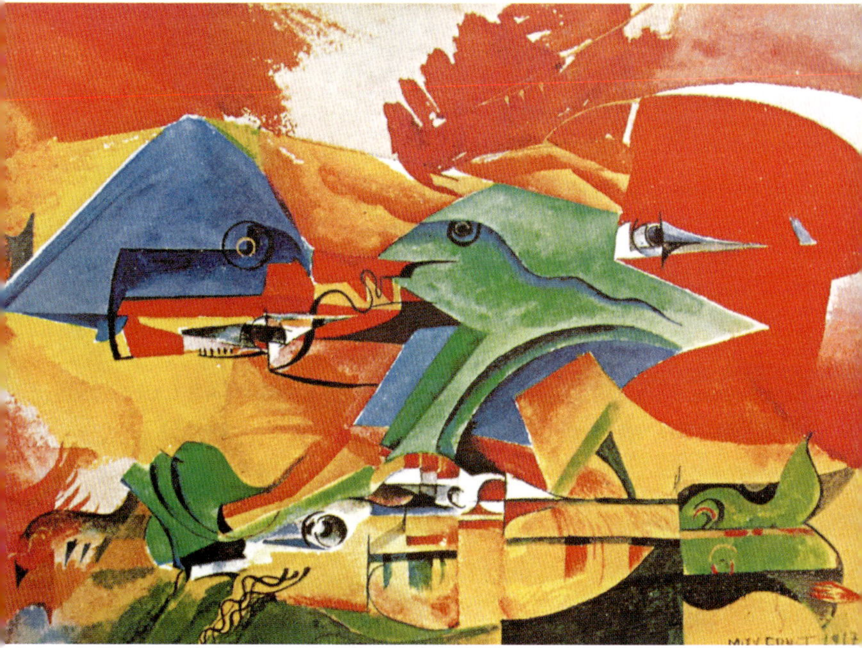

Kampf der Fische, 1917, Aquarell auf Papier, 14 × 20,5 cm

Welt der Farben 1971 befasst sich Max Ernst in einem Aufsatz mit den Farben in den Bildern von Chagall, Kandinsky und Delaunay. Er betont die symbolische Bedeutung der Farbe und deren Beziehung zur Natur und versucht, eine eigene Kunstästhetik zu formulieren, von der er sich in späteren Jahren jedoch wieder distanziert. Für seine Malerei ist Max Ernst auf der Suche nach Wegen aus der reinen Abstraktion, die ihn weder formal noch aufgrund ihrer nüchternen, manchmal gar belanglosen Farbgebung nicht zu faszinieren vermag. Wie man in diesem Werk sehen kann, lehnt er sich an Paul Klee an, dessen wunderlich verspielte Figuren und Farbauswahl er schätzt.

nicht verstehbaren Inhalten vor, führen kleinere Theaterbeiträge auf, deren Sinn sich nicht erschließt; später wird Kunst von Hans Arp gezeigt. Sie versuchen durch derartige Aktionen einen Gegenpol zur scheinbar rational erklärbaren, aber eben furchtbaren Wirklichkeit zu setzen.

Es gibt verschiedene Geschichten zur Entstehung des Wortes Dada. Das Wort steht für die vollkommene Abkehr des Rationalen, Intellektuellen. Der Begriff, den Kleinkinder häufig als Erstes aussprechen können und von Kindern in Frankreich für das deutsche Wort „Steckenpferd" benutzt wird, will durch seine Banalität unmittelbar einleuchtend signalisieren, dass es sich bei den hinter diesem Begriff stehenden Aktionen darum handelt, die Zweifel an allem Gefestigten, an klassischen Idealen und bürgerlichen Normen zu signalisieren. Wie das Wort tatsächlich gefunden wurde und es dann rasch Verbreitung fand, ist umstritten und kann nicht eindeutig belegt werden. Kunstwerke im konservativ verstandenen Sinne werden bewusst ad absurdum geführt; einzelne Ausstellungen, Texte, sämtliche künstlerischen Ausdrucksformen ignoriert und durch willkürliche, zufällige oder provokante Ausdrucksformen ersetzt. Die Idee war, dass nach dem Irrsinn des Kriegs, der allergrößten, das Leben verachtenden Aktivität des Menschen, eine Rückkehr zur konventionellen Kunst nicht möglich sei.

Kunstgeschichtlich von Bedeutung ist, dass der Hintergrund der Entstehung des Dadaismus die Situation der Schweiz im Ersten Weltkrieg ist. In allen am Krieg teilnehmenden Staaten sind junge Künstler durch Schließung der Grenzen vom Austausch mit ihren ausländischen Kollegen und Freunden ausgeschlossen und werden zum Militärdienst eingezogen. Kriegsgegner aus verschiedenen Staaten, die sich dem Militärdienst entziehen können, sammeln sich in der neutralen Schweiz, die zum einzigen Ort des internationalen künstlerischen Austauschs wird. Eine Charakterisierung von Dada fällt schwer, weil sich die Bewegung selbst nicht als solche sah oder gar anstrebte, eine homogene Gruppe zu sein. Sie entwickelte sich nach dem Ende des Kriegs rasch in verschiedenen Städten Deutschlands, so in Hannover, Berlin und Köln.

Max Ernst ist sogleich von der Idee begeistert, wohl weil seine eigenen Sinne und Gedanken keinen Halt in einem zunehmend sich auflösenden oder nur noch durch Zynismus und Heuchelei zusammengehaltenen Wertekanon finden können und ein Ventil benötigen, sich alternativer künstlerischer Ausdrucksformen zu bedienen.

HEIRAT MIT DER KUNSTHISTORIKERIN LUISE STRAUS

Den Krieg überlebt Max Ernst trotz einiger Verletzungen letztlich unbeschadet und kehrt 1918 sogleich nach Köln zurück. Vorher heiratet er eine Freundin aus Studientagen, die mittlerweile in Kunstgeschichte promovierte Luise Straus, gegen den erbitterten Widerstand beider Elternhäuser. Vater Straus, aus einer jüdischen Familie stammend, ein erfolgreicher Hutfabrikant, will seine Tochter nicht dem aus konservativ katholischem Haus kommenden brotlosen Künstler zur Frau geben; die Heirat für die Brühler Ernst-Familie ist aus demselben Grund, nur mit umgekehrten religiösen Vorzeichen, ebenfalls inakzeptabel. Die jungen Leute setzen sich jedoch über alle Widerstände hinweg, was insbesondere für Luise nicht einfach gewesen sein muss. Aber eine gewisse Liberalität war in der

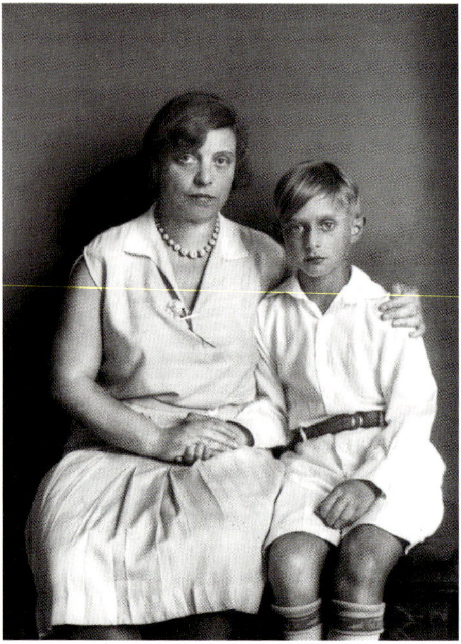

Luise Straus-Ernst mit Sohn Jimmy, 1928, Foto: August Sander

Familie offenbar vorhanden, sonst hätte sie der Vater nicht Kunstgeschichte studieren lassen, was zu jener Zeit keinesfalls die gesellschaftliche Norm für Frauen aus vergleichbaren christlichen bürgerlichen Familien war. Darüber hinaus wird Luise 1917 zur kommissarischen Leiterin des Wallraf-Richartz-Museums in Köln berufen, eine Stellung, die ihr den Zugang zu sämtlichen interessierten Kunstkreisen in Köln öffnet. Hiervon profitiert Max Ernst, der den Kunstbetrieb in der Stadt kaum kennt. Er stellt jedoch in Düsseldorf im Rahmen des Jungen Rheinlands aus, einer Gruppe, die insbesondere durch die Galeristin und Mäzenatin **„Mutter Ey“*** geprägt ist. Sie hat einen offenbar untrüglichen Sinn für das Besondere in der Kunst und unterstützt Max Ernst mit Ankäufen einiger von den meisten als „unverkäuflich“ bezeichneten Werke. Sie sollte später noch einmal entscheidend den Lebensweg von Max Ernst befördern helfen.

In Paris wie in Berlin, in Köln und wie in Zürich wurde die Jugend von dem gleichen Schwung gepackt und erhob sich gegen Dummheit und Heuchelei. Max Ernst

In dieser Zeit wird das einzige Kind von Max Ernst geboren. Luise bringt am 24. Juni 1920 einen Jungen mit Namen Hans Ulrich zur Welt, den sie jedoch Jimmy nennen.

DADA-MAX UND DULDGEDALZEN

Die Wohnung der Ernst-Familie am Kaiser-Wilhelm-Ring wird rasch zum Zentrum der Kölner Dada-Aktivitäten, die sich im Laufe des Jahres 1919 mit enormer Schnelligkeit und Intensität verbreiten. Auch Angelika und Heinrich Hoerle sind von Anfang an dabei. Anlässlich eines Besuchs bei Paul Klee in München erfährt Max Ernst, dass Hans Arp in Zürich ist, der wenig später in Köln erscheint. Hocherfreut über das Wiedersehen mit seinem alten Freund und begeistert von dessen Aktivitäten für Dada in Zürich beginnen sie, gemeinsam mit Johannes Theodor Baargeld, einem unabhängigen, in Oxford ausgebildeten Freigeist, mit den ersten Dada-Aktionen und geben sich selbst verrückte Namen: So ist Max Ernst der „Dada-Max", seine Frau Luise die „Armada von Duldgedalzen". Auch sie lässt sich von der Begeisterung anstecken und steuert einige Arbeiten bei. Überhaupt ist der Mittelpunkt der Dada-Bewegung die Wohnung des frisch verheirateten Ehepaars. Mittendrin stets auch der kleine Jimmy. Max Ernst betrachtet seine Dada-Aktionen, anders als viele Künstler in Berlin, Hannover und New York, nicht als Parteinahme für eine politische Richtung oder gar Partei. Während in Berlin George Grosz und andere der Kommunistischen Partei beitreten, bleibt Max Ernst den politischen Parteien stets fern.

Gleichwohl sind die Aufmerksamkeit heischenden, wahnwitzigen Präsentationen, Ausstellungen und literarischen Beiträge unmittelbar als gesellschaftspolitisches Statement zu verstehen und durchaus auch so gemeint. Max Ernst erläutert dazu: „Für uns war DaDa in erster Linie eine geistige Stellungnahme. DaDa wollte nicht die Bürger schrecken; die Bürger waren schon schockiert. Nein, DaDa war Ausbruch einer Revolte von Lebensfreude und Wut, war das Resultat der Absurdität der großen Schweinerei dieses blödsinnigen Krieges. Wir jungen Leute kamen aus dem Krieg zurück und mussten unserer Empörung irgendwie Luft machen. Dies geschah ganz natürlich mit Angriffen auf die Zivilisation, die diesen Krieg herbeigeführt hatte. DaDa war eine Bombe". Und weiter: „Es ist der Vorzug von DaDa, jung gestorben zu sein. Aber es hat ein paar Persönlichkeiten geschmiedet und massenhaft Freundschaften geschaffen, vielleicht auch eine Bresche in die Mauer der Torheit geschlagen".

Einige der Ausstellungen, die Arp, Baargeld und Ernst in den 1920er-Jahren in Köln veranstalten, werden von der Polizei geschlossen, einzelne Werke unter teils fadenscheinigen Vorwürfen beschlagnahmt, die allesamt keine juristische Grundlage haben. So ergeht es auch der mit dem reißerischen Titel angekündigten Ausstellung *DADA siegt!* von 1920, die auf dem Ankündigungsplakat zusätzlich das immer noch allgegenwärtige „Ruhe und Ordnung" mit den Worten „DADA ist für Ruhe und Orden" persifliert und mit dieser Provokation eine für jeden erkennbare kritische Geisteshaltung offenbart. Die in Preußen und auch in Köln beliebte Funktion eines „Präsidenten" – von was auch immer – wird karikiert mit der Verballhornung des Aufrufs des Kommunistischen Manifestes von Karl Marx durch: „Präsidialbeamten vereinigt Euch", nachdem zuvor bereits ein „Hoch" auf die Präsidenten der Internationalen Bewegung DADA ausgerufen wurde.

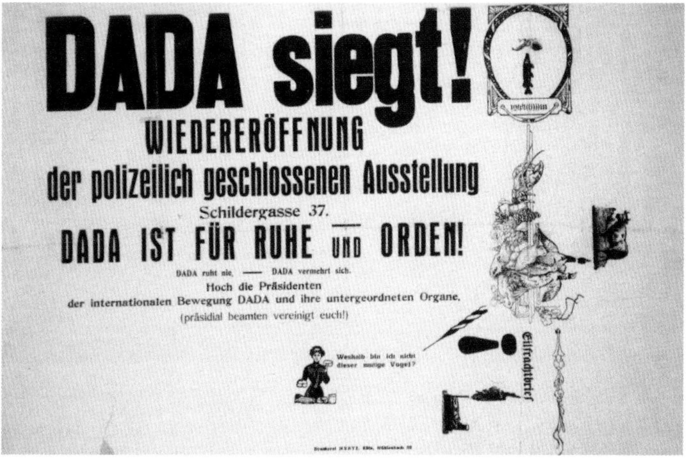

Max Ernsts Ausstellungsplakat für die Ausstellung *DADA siegt!*, 1920

Behörden und im Besonderen die Polizei und die alles beaufsichtigende Besatzungsmacht England haben noch nicht gelernt, mit den neu erworbenen Freiheiten einer Demokratie behutsam umzugehen. Es herrscht vielfach altes obrigkeitsstaatliches Denken und Handeln. Nicht nur in Köln, sondern auch in den anderen Städten treffen die Dadaisten auf Unverständnis, erhebliche Widerstände sowohl der Kunstkritik als auch der Öffentlichkeit insgesamt. Der kunsthistorische Erfolg, den man heute dieser spontanen Bewegung beimisst, war zur damaligen Zeit in keiner Weise absehbar. Die Beteiligten sind sich dessen vollkommen bewusst. Denn dass sie mit ihren Aktionen bei einem konservativen Umfeld kaum auf künstlerische Anerkennung treffen würden, liegt auf der Hand. Als umso bewundernswerter sind diese Alleingänge zu bewerten. Wenige der Aktiven können sich auf einen soliden wirtschaftlichen Hintergrund stützen wie etwa Baargeld, dessen Vater Generaldirektor der Kölnischen Rückversicherung ist, seinem Sohn seine künstlerischen Freiheiten lässt und ihm ein sorgenfreies Leben ermöglicht.

Um das Maß der abgrundtiefen Ablehnung durch das Feuilleton zu erahnen, mag der folgende Text dienen, der sich im November 1919 in einer Kölner Zeitung fand: „Man wird nicht mit ihnen rechten, weil sie, soweit ich sie kenne, von ihrem rechten Weg überzeugt sind: ich meine vor allem Max Ernst. Man wird ihnen keine unlauteren Motive unterschieben. Aber ich glaube nicht an alle dabei [...]. Da sieht man an den Wänden Bilder, die von der Schießbude einer Kirmes gekauft wurden, bloße dekorative Arbeiten eines biederen Landanstreichers [...]. Kunst kommt immer von Können. Weil von diesen Modernsten viele nie etwas Rechtes gelernt haben, Arbeit und Selbstzucht nicht kennen, mögen sie sich nur wohl fühlen bei denen, die aus Unfähigkeit über ein Stammeln nie hinausgekommen sind. Aber man soll diesen Leuten nicht mehr den Eintritt in Kunstausstellungen gewähren. Der eine Versuch genügt. Mich würde es nicht wundern, wenn sonst das Publikum in gerechtem Zorn eines Tages eine solche Ausstellung zusammenschlagen würde".

Genau aber das war es, was Max Ernst wollte. Im Frühjahr 1920 zeigte er in einer Ausstellung im Brauhaus Winter in Köln eine Holzplastik, der ein Beil beigegeben war mit der Aufforderung, den ausgestellten Gegenstand zu zerstören. Lothar Fischer weist zu Recht darauf hin, dass dies als eine frühe Form des Happenings betrachtet werden kann. Und so wurden auch durch die vielen Besucher einige Gegenstände beschädigt oder völlig zerstört, was Max Ernst anspornte, rasch Ersatz durch etwas anderes zu schaffen.

Das völlige Unverständnis des Journalisten passt in eine Zeit des Umbruchs, wo der Verlust von Orientierung nach Jahrhunderten der Bevormundung und die mangelnde Übung, in einer freien und offenen Demokratie zu leben, in der gesamten bürgerlichen Gesellschaft immer noch dominant ist. Das gilt erst recht für ein Kunstverständnis, das durch Dada seines eigentlichen künstlerischen Ausdrucks entleibt war und dadurch selbst zum Kunstereignis wurde.

MAX ERNST ALS FEUILLETONIST

Die Entwicklung unkonventioneller künstlerischer Ausdrucksweisen, die in der Dada-Bewegung ihren extremen Ausdruck findet, setzt bei Max Ernst jedoch schon früher ein. In einem Artikel in der Bonner Zeitung *Volksmund* schreibt er bereits 1912 über die Beziehung von Kunst und Können: „Alle verstehen sie was von Kunst: Der Philologe, der Theologe, der Kritiker, der Jurist, der Kommis, der Kunsthistoriker und der Herr Bürgermeister. Alle haben ja ihren Geschmack. Bitte, meine Herren, Kunst hat nichts mit Geschmack zu tun [...]. Die Kunstkritiker sprechen von dem ‚Können', sie klagen, dass den Jungen dieses Können ganz verloren gegangen sei. Aber, meine Herren, wissen Sie denn auch, was das ist, das Können? Können heißt Gestaltenkönnen. Können setzt voraus, dass man das innere Leben der Linie und der Farbe empfinden kann. Linie und Farbe auch losgelöst vom Gegenstand. Absolute Malerei im Sinne der Absoluten Musik [...]. Dem Künstler können die alltäglichsten und die seltensten Dinge zum Erlebnis werden, ein Farbenklang, eine Linienverschlingung ... Der Kritiker muss noch eines können: seinen Dünkel aufgeben, die Ansicht, er dürfe die Künstler bevormunden, ihnen Ratschläge geben, wie sie es besser machen sollen. Aber, meine Herren, sie können nichts."

Die Collage als „Schlüsseltechnik" des Surrealismus

„Ein Jüngling ist schön, wie die zufällige Begegnung einer Nähmaschine und eines Regenschirms auf dem Seziertisch" – diese Metapher, die von dem Dichter Lautréamont, einem Vorläufer des Surrealismus, stammt, erfasst im Kern die von Max Ernst mit der Technik der Collage aufgenommene Arbeitsweise. Er selbst fügt hinzu: „Collage Technik ist die systematische Ausbeutung des zufälligen oder künstlich provozierten Zusammentreffens von zwei oder mehr wesensfremden Realitäten auf einer augenscheinlich dazu ungeeigneten Ebene – und der Funke Poesie, welcher bei der Annäherung dieser Realitäten überspringt." Die Technik des Ausschneidens von Vorhandenem und die erneute Zuordnung durch das „Kleben" (französisch: coller) empfindet Ernst als ideale Umsetzung seines künstlerischen Darstellungsverständnisses, das er im Aufsteigen von rational nicht steuerbaren Einflüssen durch die Hand des Künstlers sieht.

Seite aus dem Collageroman *Une semaine de bonté* von Max Ernst, 1933, Klischeedruck, 19,3 × 14 cm

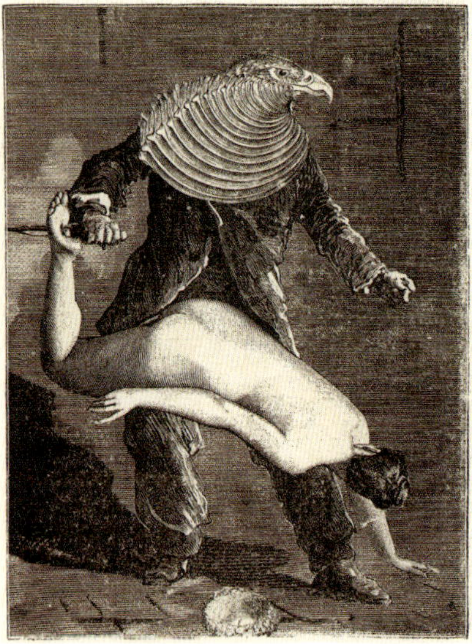

Durch das Kleben von Teilen aus einem oder mehreren Bildinhalten zu einem neuen Ganzen entsteht verblüffend Neues, ohne dass rational erklärbar wird, wie und aus welchem Grund das Neue entsteht. Die dadurch erreichte Verwandlung an sich unzusammen-

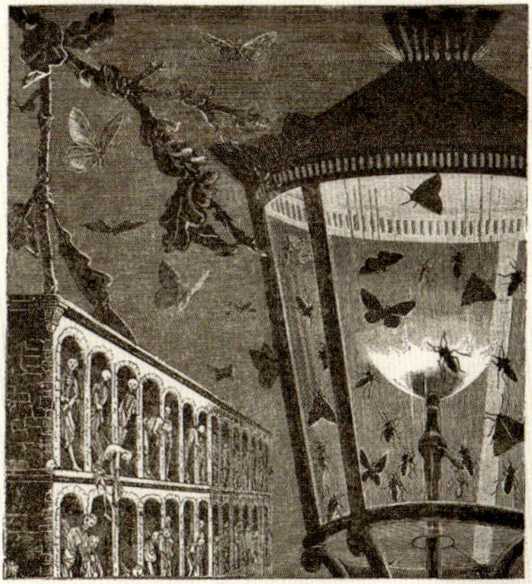

Seite aus dem Collageroman *La femme 100 têtes* von Max Ernst, 1929, Klischeedruck, 14,4 × 13 cm

hängender Dinge – die Vereinheitlichung des Disparaten – nutzt Max Ernst bereits in Dada-Zeiten, wird diese Technik jedoch mit den später in Frankreich und Italien entstehenden Arbeiten in genialischer Weise vervollkommnen, wie beispielsweise im Collagenroman *Une semaine de bonté* von 1934.

Erstaunlich ist zudem, dass durch die Verwandlungen das Material, das im Originalzustand für Leute bestimmt waren, „die kaum gebildet waren, nunmehr Macht über jene Menschen gewinnt, die alles gelesen haben", so André Breton in seinem *Manifeste du surréalisme* von 1924. Allein im Bild, das eine scharfe Grenze zum bisher Gesehenen zu ziehen vermag, kann sich das surrealistische Lustprinzip, das Spiel mit Überraschung, mit Schock verwirklichen. Diesem Prinzip frönt Max Ernst in keiner Technik so sehr wie in und mit der Collage. Dieses Prinzip erklärt auch die Heterogenität seines Frühwerks, das als Grundlage für den gesamten Surrealismus in der bildenden Kunst gesehen werden muss.

Dazu Max Ernst selbst: „Ein Maler mag wissen, was er nicht will. Doch wehe, wenn er wissen will, was er will. Ein Maler ist verloren, wenn er sich findet. Dass es ihm geglückt ist, sich nicht zu finden, betrachtet Max Ernst als sein einziges Verdienst."

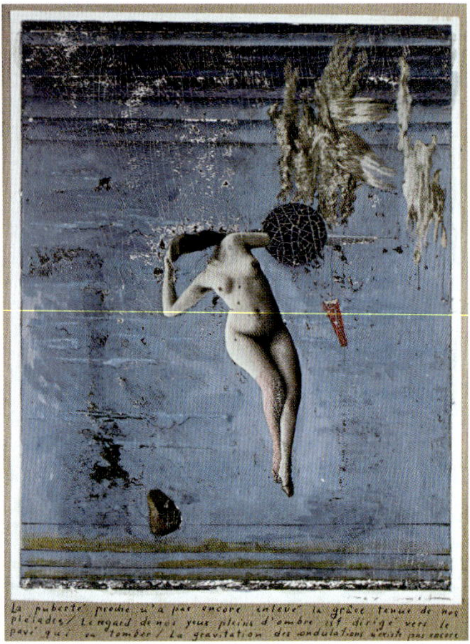

Die nahe Pubertät, 1921, Collage, Gouache und Öl auf Papier, auf Karton aufgezogen, 24,5 × 16,5 cm

Hier wird deutlich, dass sich Max Ernst von einer abbildhaften Kunst, und sei das Werk noch so virtuos gemalt oder gezeichnet, verabschiedet. Dieses Grundverständnis wird durch seine psychologischen und psychiatrischen Studien intensiviert und verfestigt sich. In diese Zeit fallen zwei Schlüsselwerke für sein künstlerisches Selbstverständnis: *Die nahe Pubertät* (1921), das auf die Verwandlungen und Veränderungen der Psyche aufgrund der erwachenden Sexualität bei jungen Menschen hinweist, und das verstörende, ja abstoßend anmutende Werk *Die Leimbereitung aus Knochen* (1921). Hinter diesem Werk steckt eine erschreckende Vorstellung, die nicht von ungefähr in die Entstehungszeit von Sigmund Freuds Schrift *Das Unheimliche* (1919) fällt. Beide Collagen lassen erkennen, dass es Max Ernst auf die künstlerische Umsetzung verschiedenster Einflüsse jenseits der Rationalität ankommt. Die Weiterentwicklung von Dada hin zu einem Ver-

Es geht nicht darum, der Natur vage Freundschaftserklärungen zu machen, sondern ganz genau die Natur zu unterschreiben, sich das Gewicht ihres Inhalts und ihrer Absichten aufzubürden. Max Ernst

Die Leimbereitung aus Knochen, 1921, Collage auf Karton, 7 × 11 cm

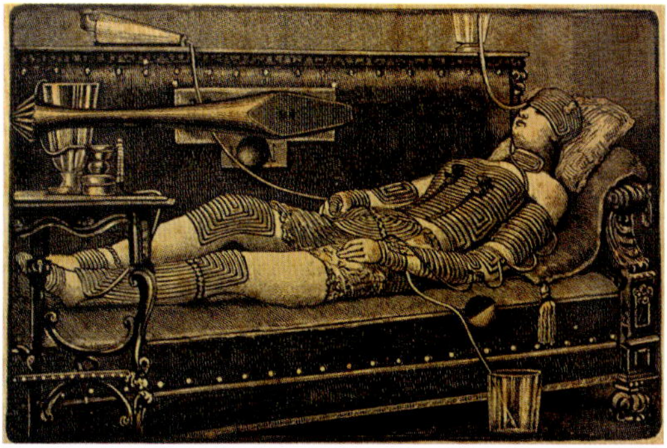

ständnis psychisch beeinflussten Kunstausdrucks ist in ihm bereits angelegt, als er 1919 mit Theodor Baargeld in München Paul Klee aufsucht und zufällig auf eine Zeitschrift stößt, die einen Aufsatz mit Bebilderung über Giorgio de Chirico enthält. De Chirico gilt als Hauptvertreter der sogenannten Metaphysischen Malerei, die als eine der wichtigsten Vorläufer des Surrealismus angesehen wird, obwohl de Chirico sich weder der Dada-Bewegung noch später dem Surrealismus zuordnen wollte. Gleichwohl übernimmt Max Ernst von de Chirico die Bildidee, Motive, die ihm aufgrund unterbewusster Einflüsse vor das geistige Auge kommen, in freier Assoziation und neuen technischen Stilen zusammenzusetzen.

Zum wichtigsten technischen Stilelement in dieser Zeit der Orientierungssuche von Max Ernst und zugleich eine Schlüsseltechnik zum Verständnis des Surrealismus wird die Collage. In Köln entdeckt Max Ernst einen Lehrmittelkatalog, den er als Steinbruch nutzt, bei den weiteren Collagen sind es illustrierte Romane und Hefte des 19. Jahrhunderts. Insbesondere sind die Collagenromane *La femme 100 têtes* (1929) und *Une semaine de bonté* (Eine Woche der Güte, 1934) in die Kunstgeschichte eingegangen. Beim ersten Titel ist schon die Überschrift zweideutig, denn die Zahl „100“ (cent) wird in der französischen Sprache genauso ausgesprochen wie das Wort

„ohne“ (sans). Der Titel kann demzufolge lauten: „Die Frau ohne Kopf“ oder „Die hundertköpfige Frau“. Mit manchmal nur recht wenigen Schnitten und Veränderungen gibt er den alten Bildvorlagen, die mit realistisch gezeichneten schwülstigen, erotischen, teilweise kitschigen Szenen und Figuren der Illustration billiger Romanhefte dienten, eine völlig neue Bedeutung, die sich ihrerseits selten, auch nicht vordergründig oder psychologisch erschließt. Sie lassen sich einzeln weder erklären noch im Sinne einer Allegorie entziffern. Stets bleibt ein Geheimnis, das der Künstler durch seine rätselhaften Bildunterschriften nur noch größer werden lässt. Dennoch sind in dem im Jahr 1933, also im Jahr von Hitlers Machtübernahme, erschienen Collagenroman *Une semaine de bonté* die Anzüglichkeiten zur politischen Situation in Europa gut erkennbar. Die Voraussicht der auf die Welt zukommenden Katastrophe kann durchaus in dieser aufrüttelnden Verrückung gesehen werden.

Bei seiner Arbeit geht Max Ernst handwerklich außerordentlich sorgfältig vor. Selbst in den Originalen sind Schnitte oder Klebestellen nicht erkennbar, sodass eine Rückverfolgung oder eine Erforschung des frühen Zustands unmöglich wird. Er verleiht den Arbeiten dadurch einen „Original“-Zustand und macht deutlich, dass seine Inspirationen in ihrer künstlerischen Umsetzung durchaus eine meisterliche Handschrift benötigen, um als qualitätvoll akzeptiert zu werden.

Die Collagenromane werden insgesamt als verstörend, irgendwie unheimlich, vor allem aber als zeitlos modern empfunden und haben viele Künstler zu Filmen, Musik und Werke bildender Kunst angeregt.

Neues Leben und malerischer Aufbruch – der Surrealismus

SCHICKSALHAFTE BEGEGNUNGEN: GALA, PAUL ÉLUARD UND BRETON

Das Leben von Max Ernst hat viele turbulente Wendungen genommen, aber der wohl entscheidendste Einschnitt entsteht durch den Besuch von Paul und Gala Éluard, die nach einem Aufenthalt in Wien, wo sie auch Sigmund Freud besucht hatten, 1921 in Köln eintreffen und eine Woche bei Familie Ernst zu Besuch weilen.

> Um ein Bild zu malen, muss ich ebenso leidenschaftlich danach verlangen, es mit den Augen zu sehen, als sei es eine geliebte Frau. Max Ernst

Vorausgegangen ist ein Tirol-Aufenthalt mit den Éluards, bei denen mit Hans Arp und Tristan Tzara ein Manifest verfasst und weitere Aktionen besprochen werden. Der überraschende Besuch André Bretons wird einerseits großen Einfluss auf Ernst ausüben, aber gleichzeitig fühlt er sich menschlich durch das arrogante Auftreten des Franzosen abgestoßen. Dieses ambivalente Verhältnis wird die beiden ihr Leben lang begleiten. Sie ist von wechselseitigem großem Respekt für die jeweils künstlerische und intellektuelle Leistung und gleichzeitiger Ablehnung der Bevormundung Bretons durch Ernst sowie bei Breton auf verletzte Eitelkeit seiner durch Ernst nicht kritiklos akzeptierten Vorrangstellung gekennzeichnet.

Nach dieser ersten Begegnung verlässt Max mit Luise und ihrem Sohn Tirol vorzeitig. Dennoch eröffnet Breton im sel-

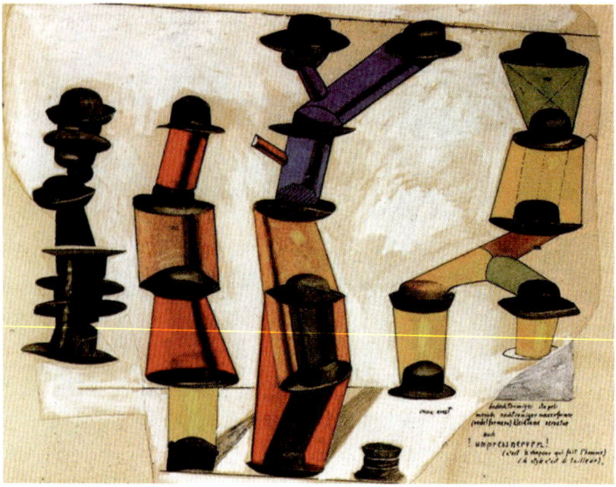

Der Hut macht den Mann, 1920, Gouache, Feder, Tusche, Öl; Übermalung eines Drucks und Collage auf Karton, 35,2 × 45,1 cm

ben Jahr die erste Einzelausstellung von Max Ernst in Paris. Dort werden zum ersten Mal Arbeiten, die in der Collage-Technik gefertigt sind, gezeigt. So setzt er die aus einem Werbekatalog der schwiegerväterlichen Fabrik stammenden Abbildungen von verschiedenen Hutformen und -farben in einen völlig neuen Sinnzusammenhang und betitelt sie, wie so oft, ironisch: *Der Hut macht den Mann* (1920), ein Titel, der 2018 von einem der bedeutendsten Theaterregisseure der Welt, dem Amerikaner Robert Wilson, als *The Hat Makes The Man* aufgegriffen und in einer fulminanten Solo-Schau im Max Ernst Museum Brühl wiederbelebt wird.

Max Ernst ist zwar noch nicht berühmt, aber sein Name macht in den intellektuellen Kreisen von Paris die Runde. Auch dort wollen viele nach den Gräueln des entsetzlichen Kriegs nicht kritiklos zur Tagesordnung übergehen, obwohl die Auffälligkeiten der Dada-Bewegung in Paris kaum messbare Wirkung zeigen. Unter dem Einfluss Sigmund Freuds entwickeln sich jedoch vor allem bei Schriftstellern Tendenzen, das Verfassen von Texten nicht mehr nur rational, sondern von den inneren Einflüssen der Psyche bestimmen zu lassen. Zu diesen jungen Dichtern gehört Paul Éluard, der den bildenden Künstler Max

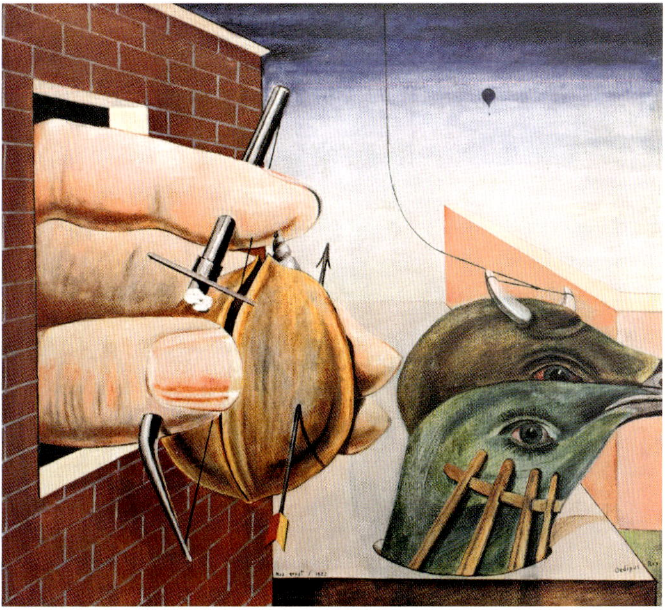

Ödipus Rex, 1922, Öl auf Leinwand, 93 × 102 cm

Ein Schlüsselwerk des Surrealismus – schon wegen des Titels – und eines der wichtigsten Werke von Max Ernst. Mit dieser einem Albtraum gleichen Arbeit hat er endgültig den Weg von Dada verlassen. Das Bild schockiert den Betrachter mit einer auf Anhieb nicht verständlichen Komposition, bei der Grausamkeit und poetisch verstellte Idylle aufeinandertreffen. Der Einfluss des Malers de Chirico ist erkennbar, wenngleich Max Ernst durch das brutale Entfremdungsmoment des durchstoßenen Fingers seine künstlerische Emanzipation vollzieht und dadurch auch der Titel verständlich wird. Denn die Nuss, die von übergroß gemalten Fingern gehalten wird und die Fruchtbarkeit symbolisiert, steht durch die Verletzung für das schreckliche Schicksal und die vorherige Verirrung des Ödipus. Die grausame Geschichte war für Sigmund Freud, den wissenschaftlichen Wegbereiter des Surrealismus, entscheidend für den danach benannten Ödipuskomplex.

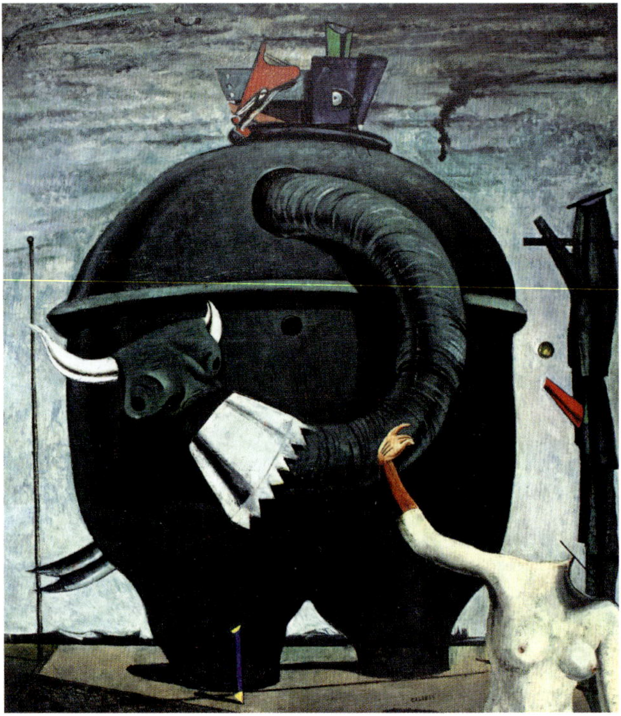

Der Elefant Celebes, 1921, Öl auf Leinwand, 125,4 × 107,9 cm

Elefant oder Getreidesilo? Dieses Bild, das Paul Éluard bei seinem ersten Besuch in Köln sogleich erwarb, verwirrt zunächst durch seinen Namen. Celebes ist der frühere Name der indonesischen Insel Sulawesi. Der Elefant, der eigentlich keiner ist, hat als Körper einen Getreidesilo, wie sie im Sudan Verwendung finden und dessen Abbildung der Künstler auf einer Fotografie in einem ethnologischen Buch gefunden hatte. Erstaunlich ist, dass zur selben Zeit Picasso mit biomorphen Skulpturen experimentierte, die durchaus Ähnlichkeit mit dem Werk von Max Ernst haben. Wieder einmal verwendet er Zufallsfunde aus unterschiedlichsten Lebensbereichen für eine völlig neue Komposition, über deren Interpretation der Titel zusätzlich Verwirrung stiftet.

Ernst treffen will, weil dieser das zunächst nur für das Schreiben möglich Gehaltene nun dem Vernehmen nach offenbar sogar ins Bild setzt. Die Literaten unter den Surrealisten werden sich in der Folgezeit noch das ein und andere Mal schwertun mit der Akzeptanz ihrer malenden Künstlerkollegen. Und in der Tat ist es in der Anfangszeit ausschließlich Max Ernst, der konsequent und in immer wieder neuen Bildern und Collagen eine bildnerische Umsetzung der surrealen Ideen gelingt, die allmählich auch die Kritischsten überzeugen. „Ohne Max Ernst hätte es keine Malerei des Surrealismus gegeben", stellt Werner Spies unter Berufung auf Breton fest.

Paul Éluard ist hingegen sogleich begeistert von den Arbeiten und kauft zwei bedeutende Bilder, deren Motive das Hintergründige und Psychologisierende seiner Kunst in glanzvoller Manier in Szene setzen: *Ödipus Rex* (1921) und *Der Elefant Celebes* (1921). In diesen beiden frühen Arbeiten wird die Genialität des Künstlers deutlich, der nie irgendeinen akademischen Malunterricht genommen hat, lediglich in Bonn am Rande des kunsthistorischen Unterrichts Fingerübungen vollzieht und einige Zeichnungen fertigt. Die Technik, über die Ernst bereits verfügt und mit der er seine malerischen Visionen umzusetzen in der Lage ist, verblüfft nicht nur Éluard.

Die Paul begleitende Frau übt sogleich eine große Faszination auf Ernst aus. Gala Éluard, die später den Maler Salvador Dalí heiraten wird, stammt aus wohlhabendem russischem Hause, lernt Éluard bei einem Sanatoriumsaufenthalt in der Schweiz kennen und geht mit ihm nach Paris, wo die beiden trotz permanenter Streitigkeiten heiraten. 1922 verbringen Max Ernst und seine Familie erneut gemeinsam mit Éluards einen Sommerurlaub in Tirol. Dort wird klar, dass Ernst nur noch Augen für Gala hat und die Zuneigung für Luise erloschen ist. Paul kultiviert eine äußerst liberale Auffassung selbst im Privaten und meint, als er die aufflammende Begeisterung von Max Ernst zu Gala bemerkt, dass man „nicht mehr tun könne für einen Freund als ihm die Frau zu überlassen, die man selbst noch liebt". So führt denn auch dieser zweite Tirol-Aufenthalt zur endgültigen Trennung von Luise, die mit Jimmy nach Köln zurückkehrt, während Max Ernst nach Paris übersiedelt und bei den Éluards wohnt.

MAX ERNST ENTFLIEHT KÖLN UND GEHT NACH PARIS

Die Begegnungen in Paris mit Breton, Éluard und anderen Vertretern einer sich immer mehr zu einem faszinierenden System entwickelnden Überzeugung von der Darstellung der Welt durch Schriftstellerei und Kunst aufgrund seelischer Beeinflussungen werden unumkehrbar zum künstlerischen Lebensinhalt von Max Ernst.

Bevor er hinabsteigt, weiß ein Taucher nie, was er zurückbringt.

Max Ernst

Das zeigt er deutlich in dem mit vielen Andeutungen und versteckten Hinweisen versehenen Bild *Das Rendezvous der Freunde* (1922), auf dem die Freunde und Protagonisten des Surrealismus aufgeführt werden. Als einzige Frau ist Gala Éluard am rechten oberen Rand zu sehen. Das Bild entsteht 1922 in Paris, also noch vor dem den Surrealismus offiziell ins Leben gerufenen Manifest von André Breton, das erst zwei Jahre später in

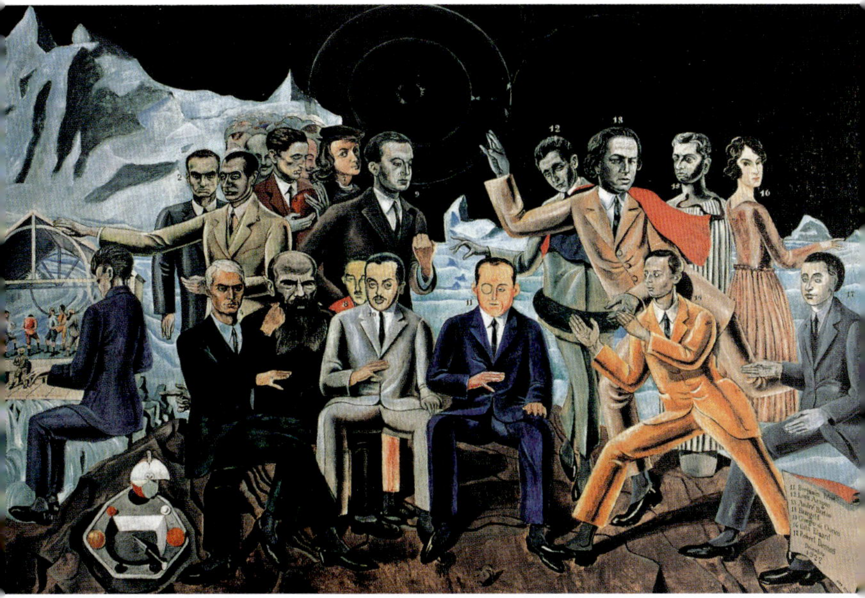

Das Rendezvous der Freunde, 1922, Öl auf Leinwand, 130 × 195 cm

Eine ikonografische Arbeit, die Max Ernst im Kreis der Surrealisten und geistig verwandter Künstler zeigt, figurativ gemalt, vor surrealistischem Hintergrund und jeweils kennzeichnenden Gesten. Vorn links sitzt René Crevel, der die Tasten eines imaginären Klaviers bedient, Max Ernst, auf den Knien Fjodor Dostojewskis sitzend, Théodore Fraenkel, Jean Paulhan, Benjamin Péret, Johannes Theodor Baargeld, Robert Desnos. In der hinteren Reihe stehen Philippe Soupault, Hans Arp, Max Morise, Raffael, Paul Éluard, Louis Aragon mit Lorbeerkranz um die Hüften, André Breton mit rotem Schal, Giorgio de Chirico und bezeichnenderweise als einzige Frau keine Künstlerin, aber seine Geliebte Gala Éluard.

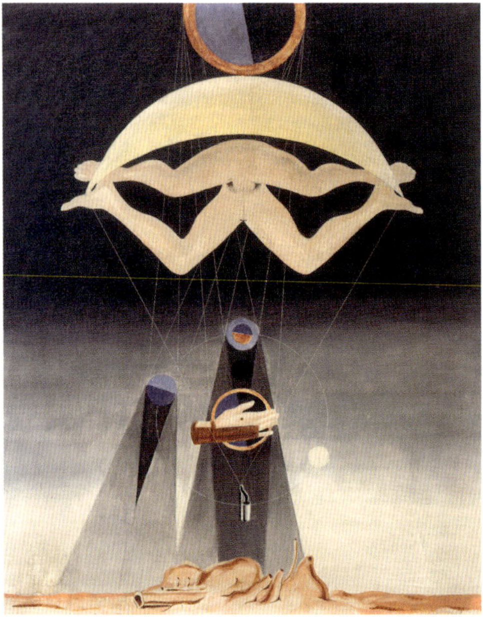

Die Menschen werden nichts davon wissen,
1923, Öl auf Leinwand,
80,5 × 64 cm

Paris das Licht der Öffentlichkeit erblickt. Darin verkündet Breton das Ende aller bisherigen Sehweisen auf die Welt, die Menschen und ihr Handeln. Der Surrealismus wird von Breton als „ein rein psychischer Automatismus“ definiert. Unbewusstes kommt in einem automatischen, nicht gesteuerten Schaffungsprozess zum Ausdruck.

Max Ernst wird von Breton als der wichtigste Vertreter dieser Bewegung angesehen, da er früh und in seinen Bildern und Collagen konsequent die Vorgaben umsetzt, die Breton manifestiert. Vor allem verblüfft er die frühen Surrealisten dadurch, dass neben dem „automatischen Schreiben“, das diese für die allein mögliche Methode der Umsetzung der Prinzipien des Surrealismus halten, auch bildnerische Darstellungen das Phänomen erfassen können. Die Bilder von Max Ernst überzeugen derart, dass sie ihn als willkommenes neues Mitglied in ihre

Gruppe aufnehmen. Max Ernst widmet Breton sein attraktives und mit Anspielungen auf die alles beherrschende Sexualität durchsetztes Werk *Die Menschen werden nichts davon wissen* (1923) mit folgendem Gedicht:

> *Die Mondsichel (gelb und fallschirmhaft) hindert*
> *die kleine Pfeife, auf den Boden zu fallen.*
>
> *Weil man ihr Beachtung schenkt, meint die Pfeife,*
> *sie stiege zur Sonne auf.*
>
> *Die Sonne ist zweigeteilt, so dass sie sich*
> *besser drehen kann.*
>
> *Das Modell ist in träumender Pose ausgestreckt.*
>
> *Das rechte Bein ist gebeugt (eine angenehme*
> *und exakte Bewegung).*
>
> *Die Hand verdeckt die Erde.*
>
> *Diese Bewegung verleiht der Erde die Bedeutung*
> *eines Geschlechtsorgans.*
>
> *Der Mond läuft mit größter Geschwindigkeit*
> *durch seine Phasen und Verfinsterungen.*
>
> *Das Bild ist eigentümlich wegen seiner Symmetrie.*
>
> *Die zwei Geschlechter halten einander im Gleichgewicht.*

Seine Bilder sind jedoch auch in Paris unverkäuflich. Der Surrealismus ist eine sich erst allmählich durchsetzende Bewegung und wird es für Jahrzehnte schwer haben, sich außerhalb kleinerer Fachkreise in Museen oder auf dem Kunstmarkt zu etablieren und erfolgreich zu sein. So ergeht es den Gedichten

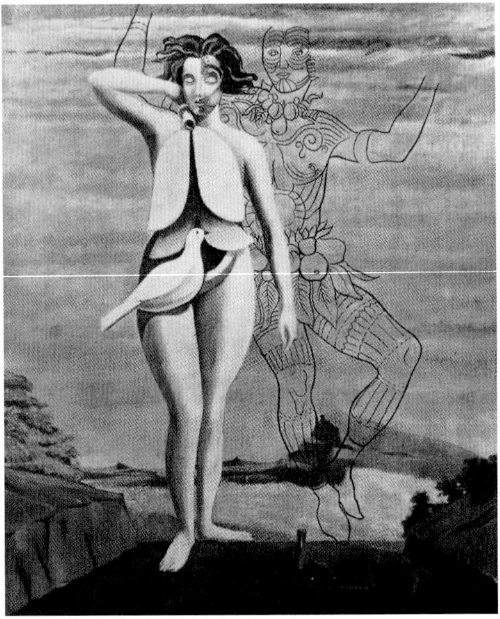

Die schöne Gärtnerin, 1923, Öl auf Leinwand, 196 × 114 cm; seit 1939 verschollen

und schriftstellerischen Arbeiten seiner Freunde, und so ergeht es Max Ernst auch selbst, obwohl es einige Ausnahmen gibt. Sein Bild *Die schöne Gärtnerin* (1923) wird auf Vermittlung der Galeristin „Mutter Ey“ an das Düsseldorfer Kunstmuseum verkauft. 1937 wird es dort von den Nazis entfernt und auf der schändlichen Ausstellung **Entartete Kunst*** gezeigt, wo es anschließend bis heute spurlos verschwindet. Auch finden seine Arbeiten auf dem **Salon des Indépendants*** in Paris den Beifall von George Braque und anderen, aber dennoch wird nichts verkauft. Deshalb versucht Ernst durch Gelegenheitsarbeiten ein wenig Geld zu verdienen, um den Éluards nicht auf der Tasche zu liegen. Auch bemalt er Wände und Türen im Haus der Éluards, deren von der Wand abgetragene Reste heute in den Kunstmuseen in Teheran und Brühl zu sehen sind.

NEUE TECHNIKEN: FROTTAGE, GRATTAGE UND DÉCALCOMANIE

1926 entdeckt Max Ernst erneut eine Technik, die unter weitgehender Ausschaltung eines rationalen Willens unbekannte Schichten unbewusster menschlicher Einsichten und Empfindungen aufdecken kann: die Frottage. Bei der Frottage (Abreibung) wird die Oberflächenstruktur eines Gegenstands oder Materials durch Abreiben mittels Kreide oder Bleistift auf ein aufgelegtes Papier übertragen. Erfunden hat Max Ernst diese Technik nicht, aber er hat sie für seine Kunstauffassung aktiviert und perfektioniert. Er entdeckt diese Technik bei einem Aufenthalt in der Bretagne, wohin er für ein paar Wochen aus Paris flüchtet, weil er sich mit anderen gegen den Marokko-Krieg der Franzosen öffentlich positioniert hat und von der Polizei vorgeladen wird. Wieder sind es seine eigenen Äußerungen, in denen er uns minutiös an dem Schaffensprozess teilhaben lässt. Bei regnerischem Wetter betrachtet er die Maserung eines stark ausgewaschenen Dielenfußbodens und ist fasziniert von der visuellen Kraft, die auf ihn einströmt. Ihn inspiriert dieses Erlebnis zur Erprobung aller möglichen Materialien: Blätter und deren Adern, die ausgefransten Ränder einer Sackleinwand, einen abgespulten Faden und vieles mehr. Er sieht darin menschliche Köpfe, verschiedene Tiere, eine Schlacht, die mit einem Kuss endet, das Meer, den Regen und so weiter. Im Grunde entspricht die Frottage als bildnerisches Element im Surrealismus der **„écriture automatique“*** der Schriftsteller.

Das bekannteste Werk, das 1926 veröffentlicht wird, ist ein Portfolio mit 34 Bleistift-Frottagen, dem er den Namen *Histoire Naturelle* (1925) gibt. Max Ernst berichtet oft davon, dass er

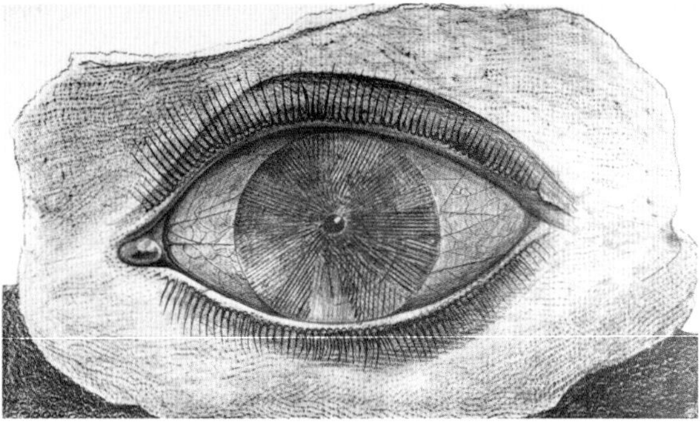

Lichtrad, 1925,
Blatt 29 aus *Histoire naturelle*, Frottage, Bleistift auf Papier, 25 × 42 cm

sich mithilfe der Frottage Erlebnisse aus der Kinderzeit zurückholt, als der Vater mit ihm Waldspaziergänge machte. Der Eindruck auf das hochsensible Kind muss derart tief gewesen sein, dass Spuren dieser Erlebnisse noch Jahrzehnte später in den Bildern der Wälder und Dschungel gelesen werden können.

Da Max Ernst stets auch größere Bilder malen will, für die sich die Frottage nicht eignet, er aber „direkte Malerei“ vermeiden möchte, erfindet er die Grattage. Grattage ist eine Übertragung der Frottage auf die Ölmalerei. Unter den Malgrund können Gegenstände gelegt werden, deren Relief sich auf den Malgrund überträgt und so den Farbabtrag beeinflusst.

Die Grattage bietet ihm auch Möglichkeiten, seiner Faszination von Bäumen und Wäldern nachzugehen. Denn Wälder sind seit seiner Kindheit, ebenso wie Vögel, ihn im Unterbewusstsein beherrschende Elemente der Natur. „Was ist ein Wald?“, fragt er in einem Aufsatz. Und gibt die Antworten: „Ein übernatürliches Insekt. Ein Zeichenbrett. Was tun die Wälder? Sie gehen niemals früh zu Bett. Sie warten, bis der Holzfäller kommt. Wovon leben die Pflanzen? Wer weiß?“

Ein besonders eindrucksvolles Beispiel bildet die später entstandene Arbeit *Die ganze Stadt* aus den Jahren 1935/36, von

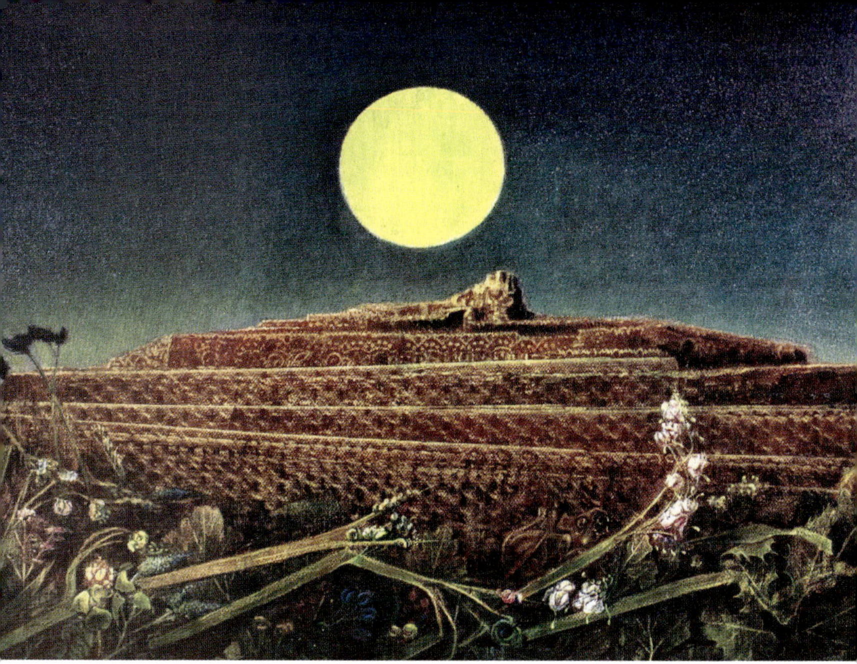

Die ganze Stadt, 1935/36, Öl auf Leinwand, 60 × 81 cm

der es zwei ähnliche Versionen gibt. Beide Bilder zeigen rätselhafte, ruinenartige, an Festungen oder Tempelanlagen erinnernde Gebäude als versteinerte Stadt an einem Berg mit trostloser Anmutung. Im Vordergrund wuchern jeweils üppige, dschungelartige Pflanzen, die die Gebäude im Mittelgrund zu verschlingen scheinen. Die Arbeit ist ein Paradebeispiel für die Technik der Grattage.

Die andauernde Selbstbeobachtung und Korrespondenz zwischen der rationalen und der irrationalen Existenz machen Max Ernst zu einem typisch dualistischen „Romantiker". Romantisch nicht im Sinne von Natursentimentalität, sondern romantisch im Allgefühl und in der Enthüllung des Elementaren und Mythischen, das mit der Vorstellung eines Waldes verbunden ist, wie Eduard Trier ausführt.

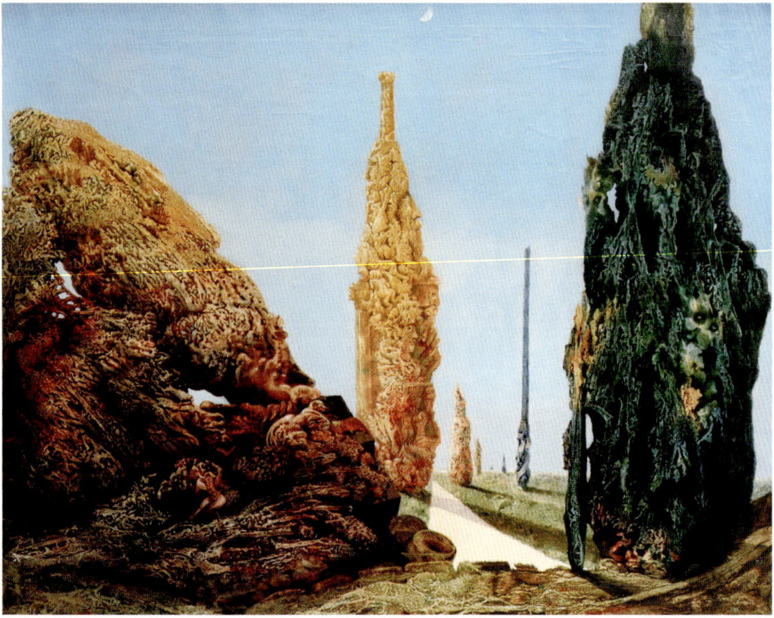

Lediger Baum und vermählte Bäume, 1940, Öl auf Leinwand, 81,5 × 100,5 cm

Seine Produktivität in den Jahren 1925–27 ist ungeheuer. Es entsteht in dieser Zeit ein umfangreiches Œuvre, das nicht nur wegen der schier unerschöpflichen Kreativität des Künstlers, sondern auch wegen der prekären Umstände, unter denen es entsteht, erstaunt. Neben Gemälden publiziert Max Ernst in Büchern Zeichnungen, Frottagen und Lithografien, die jeweils selbstständig neben den Texten der Autoren stehen, also keine Illustrationen sind und sein wollen, sondern eigenständiger Ausdruck bildnerischer Kraft, die sich gleichwohl zum Text verhält.

In den späteren Jahren in Frankreich vor seiner Flucht in die USA kommt eine weitere Technik zur Anwendung, die er insbesondere bei seinen sogenannten Dschungelbildern verwendet. Er nennt dieses Verfahren Décalcomanie (Abzug). Dabei wird

> **Gemischte Gefühle, als er zum ersten Mal einen Wald betritt: Entzücken und Bedrückung. Und das, was die Romantiker „Naturgefühl" getauft haben.** Max Ernst

dünn aufgetragene Ölfarbe mit einer Glasscheibe oder einem Blatt Papier auf der Leinwand flach gedrückt. Beim Abheben entstehen durch zufällige Blasen und Verästelungen vielfältige Oberflächenstrukturen, die Max Ernst als Inspiration für die Formgewinnung verwendet und Landschaften, Figuren und Ungeheuer herausarbeitet. Bei diesem Verfahren wird deutlich, dass er es dem Zufall überlässt, wie die Farben verlaufen, durch seine ausgefeilte Handwerklichkeit jedoch den spontanen Eingebungen gesteuerte Konturen gibt. Die Ergebnisse der Bilder sind bedrückende Landschaften, die den Zweiten Weltkrieg heraufziehen sehen, obwohl einige von ihnen Jahre vor dessen Beginn gemalt werden. Dazu gehören: *Lediger Baum und vermählte Bäume* (1940) und *Der Hausengel* (1937).

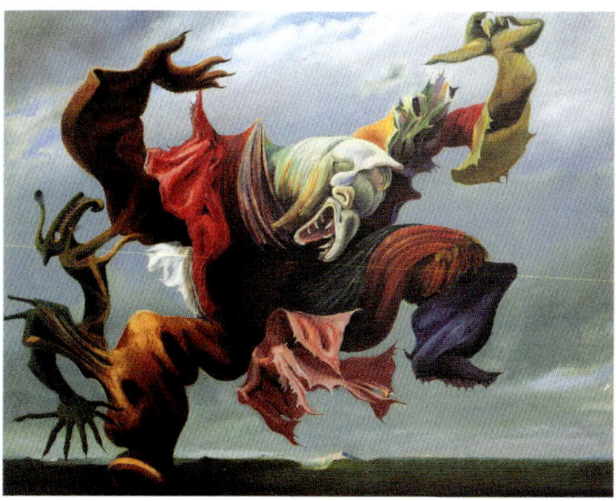

Der Hausengel, 1937, Öl auf Leinwand, 114 × 146 cm

Sondernummer der Zeitschrift *Cahiers d'Art*, 1937, Lithografie, 38,1 × 30,5 cm

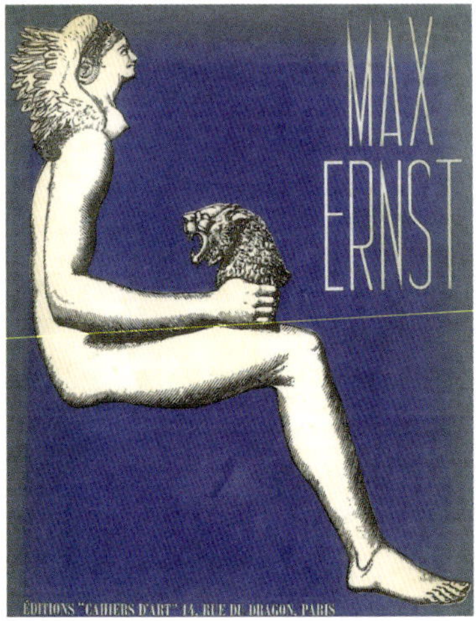

Was ist ein Wald? [...] Ein übernatürliches Insekt. Max Ernst

Max Ernst wird aufgrund seiner bahnbrechenden Kunst und aufgrund seines hohen Bekanntheitsgrads in Pariser Künstlerkreisen nach und nach auch von den Feuilletonisten und Journalisten entdeckt, die für Kunstmagazine schreiben. So bringt die bedeutende Kunstzeitschrift *Cahiers d'Arts* im Jahr 1937 eine Ausgabe auf den Markt, die ausschließlich Max Ernst gewidmet ist. Das ikonografische Titelblatt bildet eine Collage ab, die an eine altägyptische Figurine erinnert, die von einem Löwen bewacht oder bedroht wird, jedoch erneut ein Zufallsprodukt des schöpferischen Geistes und der handwerklichen Genialität des Meisters ist.

NEUE LIEBEN IN PARIS

Im Privatleben gibt es in kurzer Zeit viele gravierende Änderungen. Die ménage à trois mit Gala und Paul Éluard, die seit 1922 andauert, endet. Éluard ist mit der Situation nach eineinhalb Jahren unzufrieden, er trinkt und verliert Geld beim Glücksspiel. Im April 1924 vertraut sein Vater ihm 17000 Francs an, die er zur Bank bringen soll. Stattdessen reist Éluard nach Monaco, von wo aus er seine Eltern benachrichtigt und ein Schiff nach Singapur besteigt. Während der Reise schreibt er an Max und Gala, sie sollen ihm folgen. Am 11. August kommen die Éluards und Ernst zusammen auf der SS Paul Lecat aus Singapur in Saigon an. Gala und Paul Éluard fahren bereits am 23. August zurück nach Paris, während Ernst die Reise allein fortsetzt. Er besucht Angkor und das Volk der Moi. Am 13. September 1924 geht Ernst in Saigon an Bord der SS Affon. Es wird eine denkwürdige Reise, die letzte Fahrt des 1901 in Italien gebauten Schiffs, das nun unter russischer Flagge fährt und demnächst verschrottet werden soll. Es sollte bis zum 11. Oktober dauern, bis Ernst in Marseille von Bord geht. Er zieht aus dem Haus in Eaubonne aus, das er mit Gala und Paul Éluard bewohnt hatte.

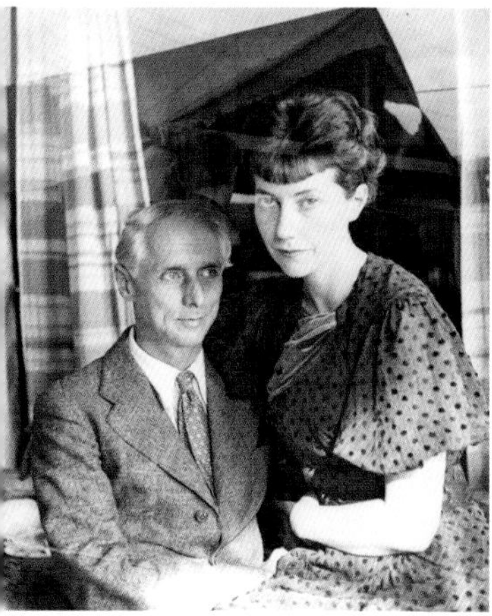

Max Ernst und Marie-Berthe Aurenche, 1935, Foto: Josef Breitenbach

Max Ernst wird 1926 von Luise Straus geschieden, und er heiratet 1927 nach einer abenteuerlichen Verfolgungsjagd, veranlasst durch den Schwiegervater, der für seine Tochter eine andere Ehe geplant hat, Marie-Berthe Aurenche. Sie ist eine geist- und humorvolle Frau, die den Surrealistenkreis anfänglich entzückt und bereichert. Die Ehe wird jedoch 1936 geschieden. Während dieser Zeit lebt Max Ernst über ein Jahr mit der Schweizer Künstlerin Meret Oppenheim zusammen.

1937 lernt er die Engländerin Leonora Carrington kennen, die aus ihrem wohlhabenden, bürgerlichen Haus nach Paris ent-

Seine Augen trinken alles, was in den Sehkreis kommt. Max Ernst

flohen ist, weil sie in London das Bild *Zwei Kinder, von einer Nachtigall bedroht* von Max Ernst entdeckt hat, das sie veranlasste, diesen Maler in Paris zu suchen und für sich zu gewinnen. Max Ernst zieht 1938 mit ihr in ein verfallenes, romantisch zwischen Weinbergen liegendes Bauernhaus in Saint-Martin d'Ardèche bei Avignon, wo sie bis 1940 zusammenleben. Leonora Carrington ist eine äußerst begabte und schöne Frau, die nicht nur auf Max ungeheuren Eindruck macht. Jimmy, der Sohn, sagte einst über sie: „Sie war eine der faszinierendsten Frauen, die ich je gesehen hatte. Ihre dunkle, strahlende Schönheit machte es mir schwer, zusammenhängend zu sprechen."

Leonoras Vater Harold Carrington prozessierte unterdessen gegen den „Pornographen" und Verführer seiner Tochter – die Paris im Sturm erobert. Ihre exzessive Exzentrik trifft den Nerv der Surrealisten. Fasziniert und abgestoßen erzählt der Schriftsteller André Breton von den ungenießbaren Abendessen, die Carrington nach alchemistischen Kochbüchern zusammenbraut. Und von einem Dinner in einem vornehmen Restaurant, bei dem sie die Schuhe auszieht und ihre Füße in aller Seelenruhe auf dem Tisch mit Senf bestreicht.

VERFOLGUNG IN FRANKREICH UND FLUCHT IN DIE USA

Max Ernst ereilt dasselbe Schicksal wie viele Emigranten, die vor den Nazis in andere europäische Länder geflohen sind. Wie Juden, Sozialdemokraten, Kommunisten oder aus anderen Gründen vor den Deutschen Geflüchtete gelten sie in

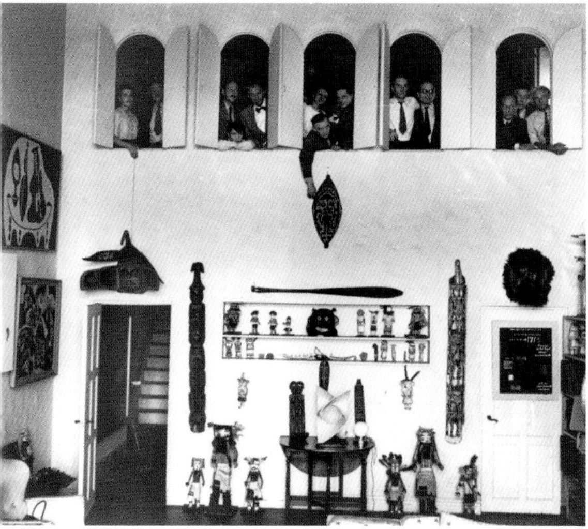

Wandansicht vom Guggenheim-Triplex in New York. Hinter den Fenstern der Galerie von links nach rechts: Leonora Carrington, Fernand Léger; John Ferren, Berenice Abbott, Amédée Ozenfant; Peggy Guggenheim, Frederick Kiesler, Jimmy Ernst, Stanley William Hayter; Marcel Duchamp, Kurt Seligmann; Piet Mondrian, André Breton, Max Ernst, 1941

Frankreich ab Kriegsbeginn im September 1939 als feindliche Ausländer und werden immer wieder verhört, verhaftet und interniert. Wenn auch die Lager anfänglich nicht wirklich Gefängnissen gleichen, sondern Ausgang und weitere, relativ weitgehende Freiheiten ermöglichen, ändert sich das im Laufe des Kriegs allein schon deswegen, weil das Vichy-Regime mit Nazideutschland kooperiert und in einer Art Stellvertreterfunktion Überwachungen und Deportationen vornimmt. Insgesamt wird Max Ernst dreimal interniert, kann aber jedes Mal fliehen. Sein inzwischen in die USA emigrierter Sohn Jimmy versucht, ihn mit einem Einreisevisum zu versorgen, scheitert aber zunächst, ebenso wie die Bemühungen des Direktors des Museums of Modern Art, Alfred H. Barr, erfolglos bleiben. Schließlich erreicht ihn ein Schreiben der amerikanischen Kunsthändlerin Peggy Guggenheim, der er bereits in Paris begegnet war. Sie trifft sich mit ihm in Marseille und kauft ihm für sagenhafte 2000 US-Dollar Bilder ab. Wichtiger für das Überleben von Max Ernst sind ihre Kontakte zu Varian Frey, der im Geheimauftrag der US-Regierung Verfolgten des Nazi-

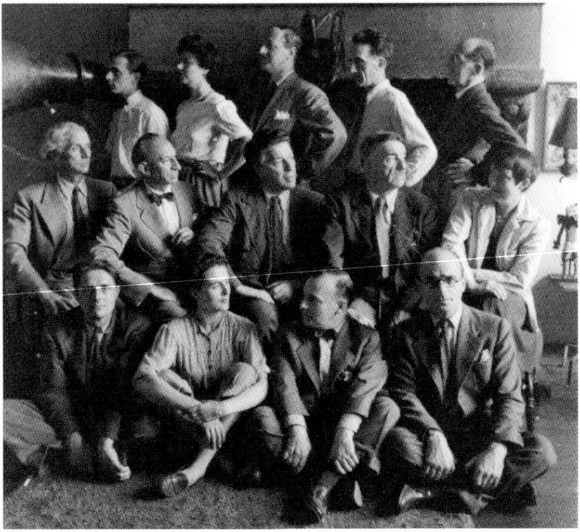

Gruppenfoto der Surrealisten im Guggenheim-Triplex in New York. Jeweils von links nach rechts, hintere Reihe: Jimmy Ernst, Peggy Guggenheim, John Ferren, Marcel Duchamp, Piet Mondrian; mittlere Reihe: Max Ernst, Amédée Ozenfant, André Breton, Fernand Léger, Berenice Abbott; vordere Reihe: Stanley William Hayter, Leonora Carrington, Frederick John Kiesler, Kurt Seligmann, 1942

regimes hilft, in die USA reisen zu können. Hier trifft er auch seine erste Frau Luise wieder, der er anbietet, sie erneut zu heiraten, weil eine geschiedene Frau nach den kruden Moralvorstellungen der im Grunde hilfsbereiten Ehefrau des US-Präsidenten Roosevelt kein Visum erhält. Luise Straus lehnt dieses Angebot aber als heuchlerisch und für sie nicht akzeptabel ab. Sie wird nach ergebnislosen eigenen Versuchen, aus Frankeich über Portugal in die USA zu fliehen, 1944 schließlich verhaftet, mit einem der letzten Transporte nach Auschwitz deportiert und stirbt dort an Erschöpfung oder wird ermordet.

Max Ernst aber kann sich, wie Leonora Carrington und viele Surrealisten, über Portugal in die USA retten. Peggy Guggenheim fliegt mit ihm im April 1941 von Lissabon aus gemeinsam nach New York. Dort wird er zunächst verhaftet, kommt aber nach drei Tagen frei und heiratet Ende des Jahres seine Gönnerin Peggy Guggenheim, die ihm ein formidables Atelier mit Blick auf den East River einrichtet.

Die quirlige Metropole New York und die Einsamkeit von Sedona

DAS FASZINIERENDE KUNSTHANDWERK DER HOPI-INDIANER

Auf einer Reise durch den Westen der USA und Mexiko, die er mit seiner Frau 1941 unternimmt, lernt er die Kunst vieler Indianerstämme kennen und ist sogleich hellauf begeistert. Er kauft Unmengen von Puppen und Masken, vornehmlich Katchina-Puppen der Hopis. Bereits in Paris hatte er Arbeiten afrikanischer Künstler auf Ausstellungen gesehen und war dort schon fasziniert von der großartigen Direktheit des bildnerischen Ausdrucks vieler Skulpturen. Anders als die emigrierten Schriftsteller, die sich nur in ihrer Muttersprache qualitativ ausdrücken können und deshalb häufig frustriert und depressiv sind, weil sie nichts publizieren können, haben die Maler dieses Hindernis nicht zu überwinden. Ihre Sprache war und ist universell.

> Die Natur lesen, gutheißen und unterschreiben zu können, scheint mir ein beneidenswertes Glück zu sein.
>
> Max Ernst

Dennoch bleibt ein kommerzieller Erfolg aus. Seine Ausstellungen sind weitgehend erfolglos: „Viel Zulauf, wenig Verkauf“, so kennzeichnet Max Ernst mit selbstironischem Unterton seine kommerziellen Misserfolge. Das mag daran liegen, dass sich seine Sehweise selbst im liberalen New York nur allmählich Bahn bricht. Ein wenig getröstet wird er dadurch, dass sich eine junge Malergeneration, die später von den Kunsthistorikern als Abstrakte Expressionisten gekennzeichnet wird, verehrend

Junger Mann beunruhigt durch den Flug einer nichteuklidischen Fliege, 1942, Öl und Lack auf Leinwand, 82 × 66 cm

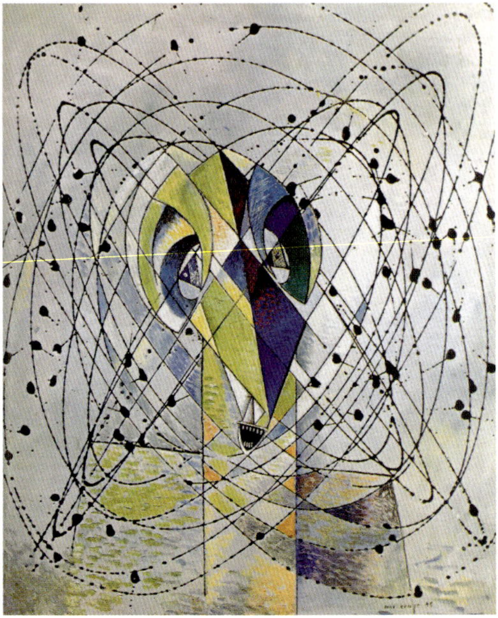

um ihn schart. Und als Arabeske sei hinzugefügt, dass sich die berühmteste Stripteasetänzerin der damaligen Zeit, Gipsy Rose-Lee von ihm porträtieren lässt und ihm das Bild *A maiden's dream about a lake* (Seetraum eines jungen Mädchens, 1940) abkauft.

Doch er gibt keineswegs auf, sondern erfindet eine weitere Technik, die sein Verständnis von nicht rational gesteuerter Kunst geradezu genial umsetzt: Er füllt Farbe in eine Dose, bohrt ein Loch hinein und lässt sie an einer langen Schnur über das Papier pendeln. Auf diese Weise tröpfeln überraschend entstehende Linien auf den Untergrund, was zu zufälligen Ergebnissen führt. Die Arbeit *Junger Mann beunruhigt durch den Flug einer nichteuklidischen Fliege* (1942) nimmt die Methode des Dripping vorweg. Neben diesem werden noch einige weitere Arbeiten in einer Ausstellung in der New Yorker Buchhandlung Wakefield gezeigt und dort von Jackson Pollock

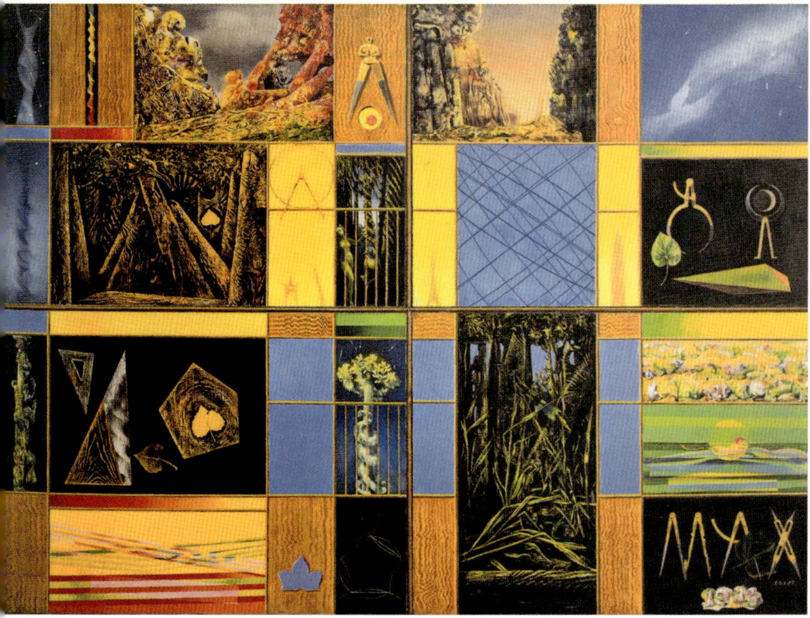

Vox Angelica, 1943, Öl auf Leinwand, 152 × 205 cm

Fenster zur Seele des Künstlers Werner Spies bezeichnet das Bild als das „Hauptwerk der europäischen Malerei im Exil". Es entstand im Sommer 1943 in Sedona. Dieses hochkomplexe Werk ist im Kern eine autobiografische Arbeit, die nach der Trennung von Peggy Guggenheim entstand, die viele Werke erworben hatte und deren Abwesenheit Max Ernst durch das synoptisch strukturierte Tafelbild für sich selbst aufarbeitet. Der Verlust des vergangenen Lebens durch die Emigration ebenso wie der Verlust der Bilder stehen im Zentrum. Der Maler lädt den Betrachter ein, in zahlreiche Fenster hineinzuschauen und verschiedene Facetten von Leben und Werk zu entdecken. Es berichtet in traumhaften und wirklichkeitstreuen Episoden über seine Wanderung vom deutsch-französischen Kulturkreis in den ihm immer noch weitgehend fremden amerikanischen, den er in New York kennenlernte.

und Robert Motherwell gesehen, die damals noch unbekannte junge Maler sind. Pollock übernimmt das Dripping-Verfahren von Max Ernst später in vielen seiner Arbeiten und wird damit einer der bedeutendsten Maler des Abstrakten Expressionismus.

In New York entstehen einige bedeutende Werke von Max Ernst, die mittlerweile in der Kunstgeschichte als Meilensteine seines Œuvres gelten: insbesondere *Der Surrealismus und die Malerei* (1942), mit dem schon im Titel an das wegweisende Essay André Bretons aus dem Jahr 1928 erinnert wird, sowie *Vox Angelica* (1943), das eine Art Fazit und eine Wendung im Schaffen von Max Ernst kennzeichnet. Das große Gemälde besteht aus 51 verschieden großen Bildern, die Bezug nehmen auf die unterschiedlichen Techniken und Schaffensperioden des Künstlers. In der vom Krieg entfernten Weltstadt New York und der Freiheit, die ihm durch die Heirat mit einer der reichsten Frauen der Welt verschafft wird, will er eine Bestandsaufnahme seines bisherigen Künstlerlebens abbilden.

Wenn es auch einiges Interesse an den geflüchteten Künstlern in der New Yorker Szene gibt, so bleiben wirkliche Erfolge aus. Die Galeristen Julien Levy und Pierre Matisse gehören zu den wenigen, die sich um die Werke bemühen. Matisse, ein Sohn des Malers Henri Matisse, versammelt einmal den Großteil heute weltberühmter Künstler in seiner Galerie. Zu ihnen gehören unter anderen: Ossip Zadkine, Yves Tanguy, Marc Chagall, Fernand Léger, Piet Mondrian, André Breton, einige weitere und Max Ernst selbst. Auch sein Sohn Jimmy gehört für eine Zeit lang zu den Künstlern und ist in den Folgejahren als Maler recht erfolgreich.

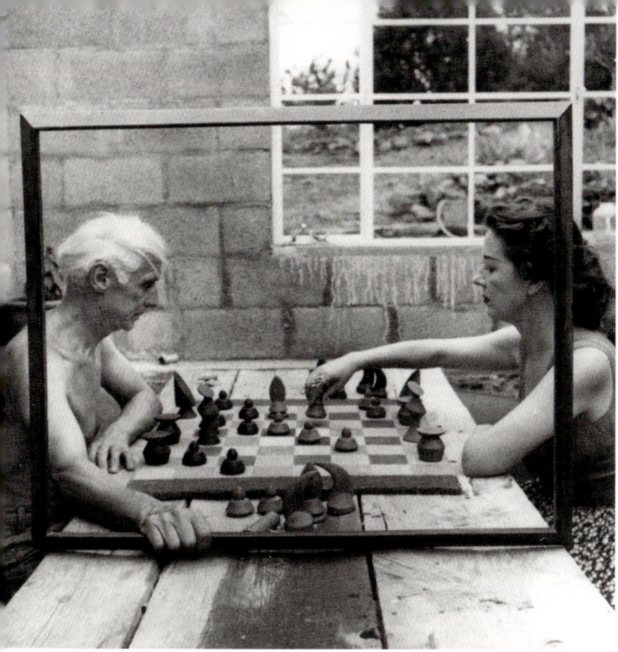

Max Ernst und Dorothea Tanning beim Schachspielen, 1951

MAX ERNST LERNT DOROTHEA TANNING KENNEN

Das zunächst ruhig erscheinende Leben in den USA nach all den Gefahren, die mit seiner Emigration verbunden waren, gestaltet sich jedoch schon nach wenigen Monaten aufwühlend und zeigt große Veränderungen an. Peggy Guggenheim ist eine emanzipierte Frau und fördert Künstlerinnen, da ihnen vom Kunstbetrieb zu wenig Beachtung geschenkt wird. Zur Vorbereitung einer Ausstellung in ihrer Galerie bittet sie Max Ernst, die Ateliers von 31 Künstlerinnen aufzusuchen und Arbeiten auszuwählen. Ein Besuch führt ihn 1948 in die Atelierräume von Dorothea Tanning, die sich schon mit einigen surrealistischen Werken ausgezeichnet hat und auch auf Max Ernst aufmerksam geworden war, ihn sogar in Paris aufsuchen wollte, dort aber nicht antraf. Die beiden verlieben sich bei einem Schachspiel ineinander und unternehmen 1943 eine Reise in die Berge von Arizona. Max Ernst findet dort eine Land-

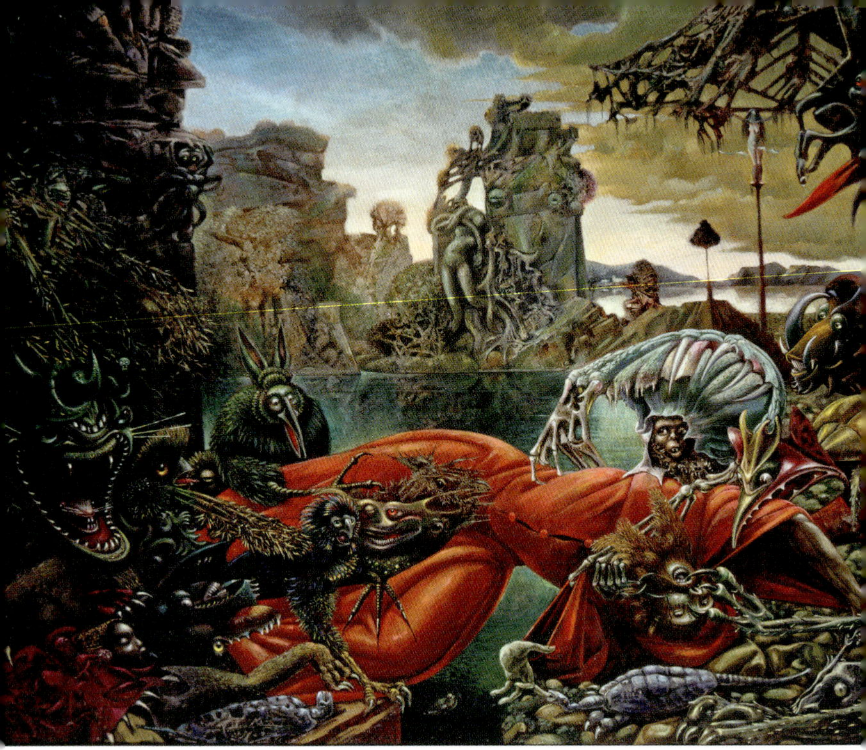

Die Versuchung des hl. Antonius, 1945, Öl auf Leinwand, 108 × 128 cm

schaft wieder, die ihm in seinen frühen Bildern bereits imaginär vorgeschwebt und die er malerisch in einigen vor dem Krieg entstandenen Arbeiten umgesetzt hat. Fern von jedem Pathos stellt er fest, dass dies keine „billige prophetische Gabe" war, sondern eher ein Zufall, dass es diese Landschaften wirklich gibt und dass er sie im tiefsten Westen der USA findet. Gleichwohl muss ihn dieses Erlebnis emotional gefesselt haben, denn er kehrt mit Dorothea Tanning in die Gegend zurück. Sie lassen sich in der kleinen Stadt Sedona in Arizona nieder und bauen sich ihr Paradies mit eigenen Händen. Das notwendige Geld hat Max Ernst bei einem Wettbewerb mit seiner Arbeit *Die Versuchung des hl. Antonius* (1945) gewonnen.

Den blinden Schwimmer, der ich war, machte ich sehend. [...] Und überrascht entdeckte ich meine Liebe zu dem, was ich sah.

Max Ernst in seinem Essay „Au-delà de la peinture", in: *Cahiers d'art*, 1937

Die Juroren des Wettbewerbs sind Marcel Duchamp, Alfred Barr vom Museum of Modern Art und der Galerist und Kunsthändler Sidney Janis. Bei großer Konkurrenz, vor allem auch von amerikanischen Künstlern, ist es als Zeichen allerhöchster Wertschätzung und intellektueller sowie politischer Unabhängigkeit zu betrachten, dass Max Ernst in diesen Zeiten in den USA als Deutscher den Preis gewinnt.

Von Peggy Guggenheim wird er 1943 geschieden. Als Ernst und Tanning in Sedona 1946 Besuch des Fotografen Man Ray und seiner Frau erhalten, entscheiden sich beide Paare spontan zur Heirat. Die Doppelhochzeit wird ausgelassen in Las Vegas gefeiert.

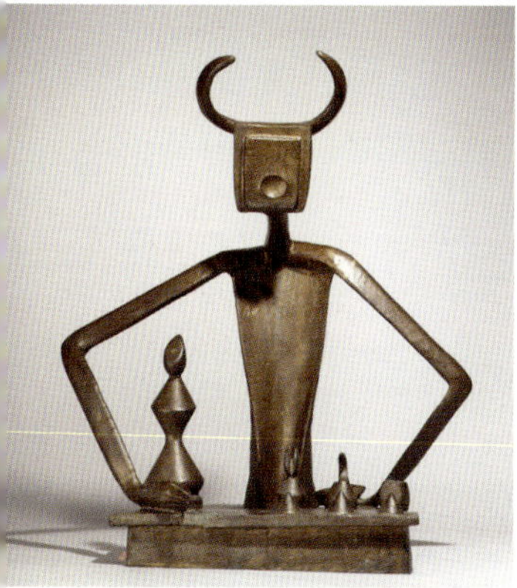

The King playing with the Queen (Capricorne), Bronze, 97,8 × 46,4 × 52,3 cm, 1944

In der Abgeschiedenheit und inmitten der fantastischen Natur von Arizona und angeregt durch die Masken und Puppen sowie umgeben von seinen afrikanischen Skulpturen, die er sich aus New York hatte nachsenden lassen, konzentriert sich Max Ernst auf die Bildhauerei. Seine größte und bekannteste Skulptur *Capricorne* (Steinbock) entsteht 1947. Durch das Foto des ihm kaum be-

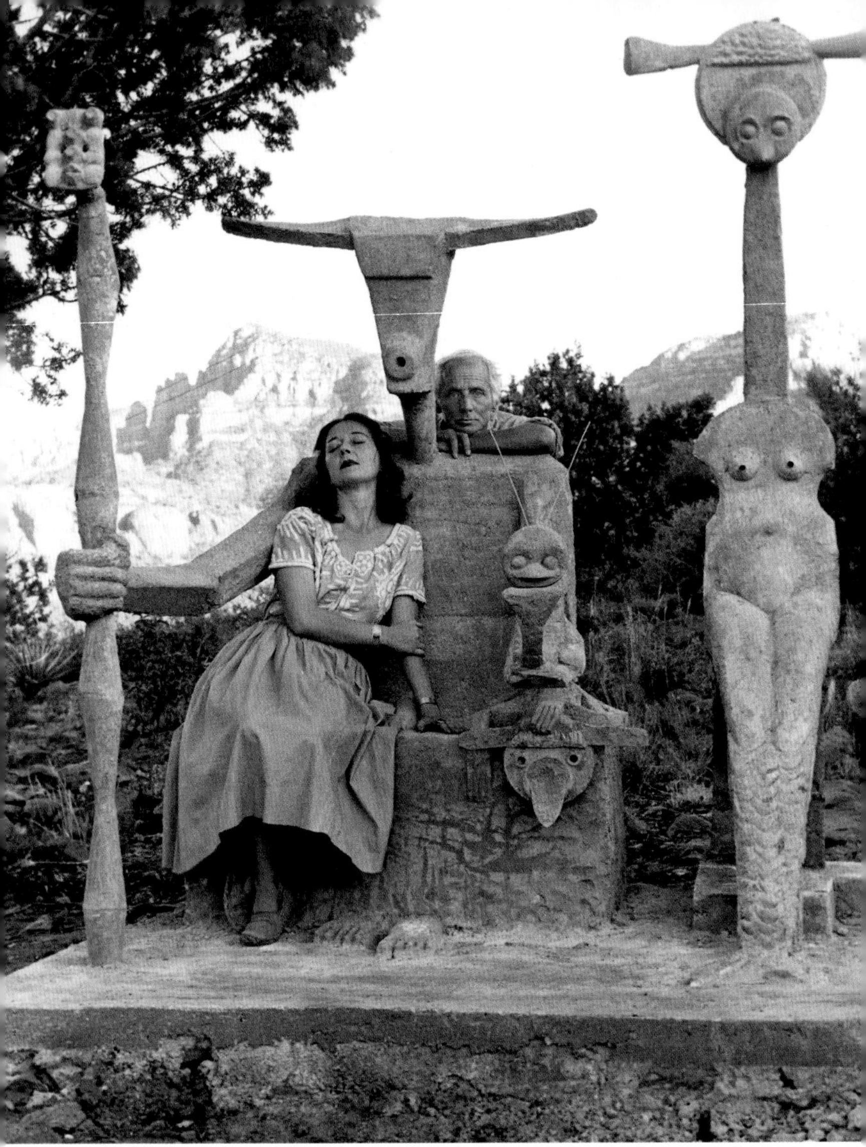

Dorothea Tanning und Max Ernst mit *Capricorne*, 1948, Foto: John Kasnetzis

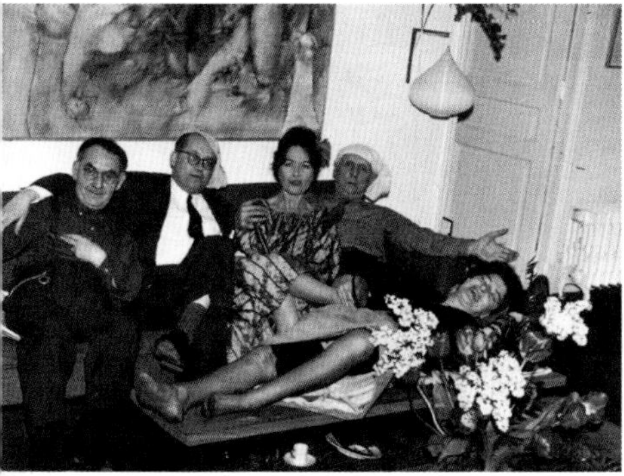

Auf dem Sofa von links nach rechts: Man Ray, Alain Bosquet, Dorothea Tanning und Max Ernst; auf dem Tisch liegend: Juliet Ray, 1961

kannten griechischen Fotografen John Kasnetzis, der sich nur kurz in Sedona aufhält, wird es zu einer Ikone der modernen Kunst. Es zeigt Dorothea Tanning und Max Ernst, wie sie sich über die Skulptur lehnen und die Andeutungen, die sich in ihr finden, mit ihren Körpern nachstellen. Es entstehen zudem kleinere Arbeiten, die von seiner Bewunderung der damals noch stark an alten Bräuchen festhaltenden Indianern, insbesondere den Hopi, zeugen – für Max Ernst eine der stärksten Anziehungspunkte während seines Lebens in Arizona.

Er erhält Besuch des Sammlerfreundes aus Pariser Tagen, Roland Penrose und dessen Frau Lee Miller, die ihn als Gefährtin von Man Ray in den 1920er-Jahren in Paris kennenlernte, außerdem von Yves Tanguy sowie von weiteren Künstlern, Fotografen und Sammlern, die die exotische Umgebung und die Gastfreundschaft genießen, sicher aber auch in nostalgischem, kritischem Rückblick über das aus den Fugen geratene Europa sprechen.

Obwohl Max Ernst sich in dem abgeschiedenen und landschaftlich reizvollen Arizona wohlfühlt und er die Zeit mit seiner neuen großen – und letzten – Liebe in vollen Zügen genießt, treiben ihn Einsamkeit und Kulturferne hinaus in attraktive, vor allem auch städtische Regionen. Das Paar unternimmt ausgedehnte Reisen nach Texas, Kalifornien, in andere US-Staaten und Mexiko. 1948 wird Max Ernst amerikanischer Staatsbürger.

MAX ERNST KEHRT NACH EUROPA ZURÜCK

Seit dem Ende des Kriegs erreichen Max Ernst auch zunehmend Lebenszeichen aus Frankreich. Paul Éluard organisiert 1945 eine Ausstellung in Paris, und nicht zuletzt weil die von den Galeristen Copley in Los Angeles und Levy in New York durchgeführten Ausstellungen erneut finanziell nicht erfolgreich sind, beschließt Ernst, nach achtjähriger Abwesenheit von Europa den Schritt zurück in die alte Heimat zu wagen.

In Brüssel trifft er René Magritte und in Paris Paul Éluard, Breton und andere Freunde aus der Zeit des Surrealismus: Alberto Giacometti, Patrick Waldberg, Tristan Tzara, Roland Penrose, Lee Miller, Hans Arp, Georges Bataille.

Die Situation hat sich jedoch hinsichtlich der Anerkennung des Surrealismus als bedeutende Kunstform in Schrift und Bild gegenüber der Zeit vor dem Krieg kaum geändert. Nach wie vor ist das öffentliche Interesse gering, der Kunsthandel desinteressiert. Trotz des schwierigen Verhältnisses zu André Breton ist es gerade dieser selbst ernannte Wortführer, der Ernst eine Eloge darbringt, als er ihn in einem Vorwort zur Ausstellung grafischer Arbeiten in der Pariser Buchhandlung La Hune als bedeutenden Vertreter des Surrealismus hervorhebt. Doch auch solche Anerkennung vermag die Distanz der Museumsleute und privaten Kunstsammler zu den Arbeiten nicht zu überwinden. Der Surrealismus hatte nur wenige Anhänger.

Es ergeht der Bewegung in Frankreich ähnlich wie dem Dadaismus nach dem Ersten Weltkrieg in Deutschland. Die Menschen lehnen das Vorhalten eines Spiegels zur kritischen

> **Es ist der Vorzug von DaDa, jung gestorben zu sein.** Max Ernst

Selbsterkenntnis ab, weil sie sich selbst darin ungeschminkt erkennen. Sie wollen moralische Ertüchtigung und sehnen sich nach der Befriedigung materieller Bedürfnisse, wollen vor allem nicht an ihre eigenen Fehler erinnert werden. „Schuld daran mag zum Teil die Unbeständigkeit der Pariser gewesen sein, noch mehr aber die Tatsache, dass der Surrealismus Instinkte enthüllt hatte, welche die Menschen mehr denn je zu verbergen suchten. Eine politisch defätistische Bewegung war nicht attraktiv für ein Volk, das am eigenen Leib erfahren hatte, was es heißt, besiegt worden zu sein", schreibt John Russell.

Max Ernst muss deshalb erneut erleben, was es heißt, finanziell von der Hand in den Mund zu leben. Er ist überrascht und enttäuscht von der mangelnden Aufbruchstimmung, die er in einem befreiten Frankreich erwartet hatte. Ernüchtert kehrt er mit seiner Frau nach Sedona zurück.

1951 und das darauffolgende Jahr verbringt das Ehepaar in Sedona und empfängt Gäste, mit denen Pläne geschmiedet werden. Im Sommer folgt Max Ernst einer Einladung an die Universität Hawaii, wo er Vorträge zum Thema „moderne Kunst" hält – später erzählt er schmunzelnd, dass es ihm, dem Mann ohne akademischen Abschluss, befremdlich vorgekommen sei, dort Studenten unterrichten zu sollen.

Seine Schwester Loni Pretzell und ihr Mann ergreifen in Deutschland die Initiative und richten Max Ernst 1951 zum

60. Geburtstag eine große Retrospektive im prächtigen Barockschloss seiner Heimatstadt Brühl aus, die zwar Beachtung in den deutschen Feuilletons, nicht jedoch beim Publikum findet, sodass sie finanziell trotz hoher Zuschüsse von Bund und Land mit einem großen Verlust endet. Ein weiterer Fehlschlag, wenn auch der Katalog für längere Zeit einen guten Überblick über das Schaffen des Meisters gibt.

Max Ernst schenkt der Stadt das Bild *Die Geburt der Komödie* (1947), das diese zu einem Spottpreis an den Kölner Sammler Haubrich sogleich verkauft, was Max Ernst später als einen „Mangel an Eleganz" kritisiert. Insgesamt führen die ersten zarten Begegnungen mit dem nach Europa heimgekehrten Künstler und seiner Heimatstadt zu vielen Missverständnissen bis hin zum Zerwürfnis.

Das Ende seines USA-Aufenthalts ist trotz der vielen Enttäuschungen und Rückschläge dennoch absehbar. Er liebt Europa und insbesondere Frankreich zu sehr, als dass er sich in den USA auf Dauer heimisch fühlen könnte. Diese Einstellung wird bestärkt durch seine mangelnden Erfolge in New York und die ihn nicht mehr ausfüllende Ruhe im abgeschiedenen Arizona. Als er von William Copley das Angebot erhält, dessen Atelier in Paris zu nutzen, und der Sammler Claude Hersaint und der Galerist Alexander Iolas ihm ein attraktives Angebot machen, ihn finanziell durch Ankäufe und Ausstellungen zu unterstützen, bricht er die Zelte in Sedona ab und kehrt 1953 endgültig nach Frankreich zurück.

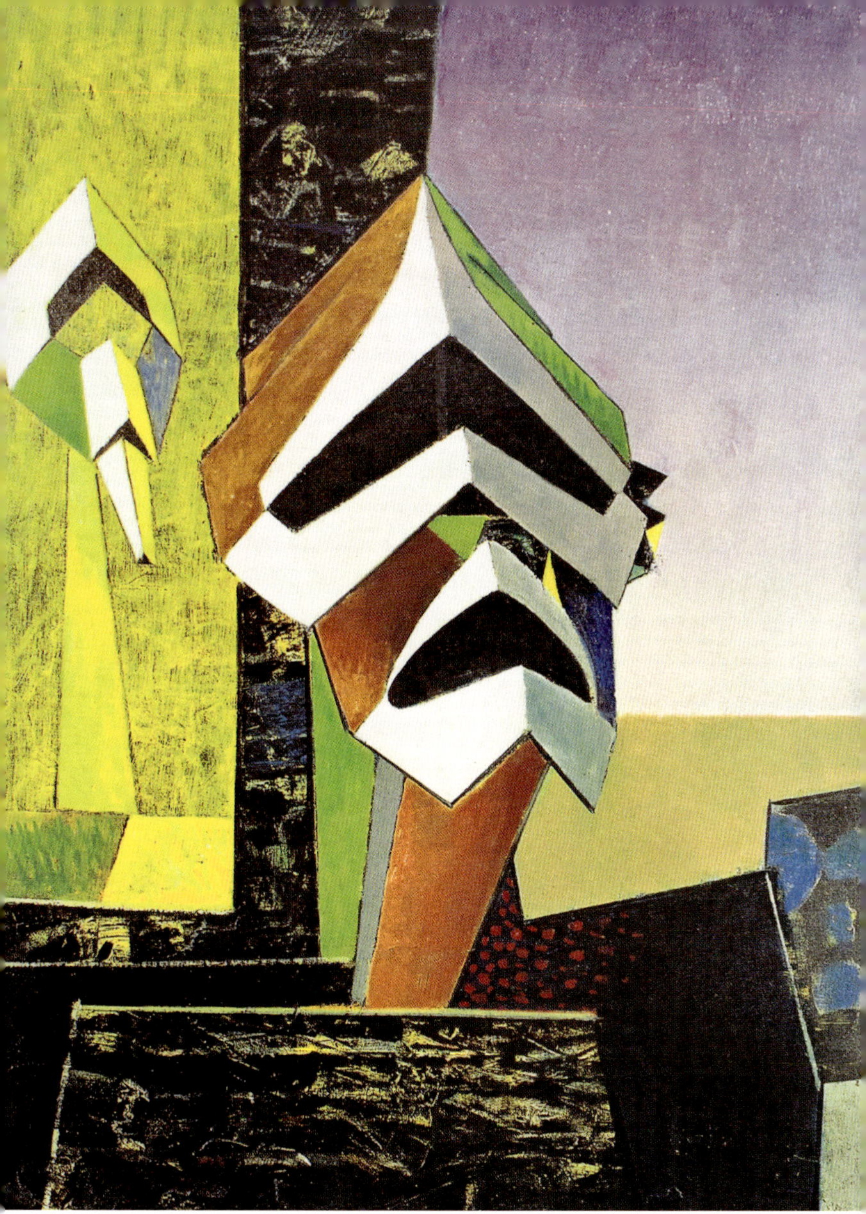

Die Geburt der Komödie, 1947, Öl auf Leinwand, 53 × 40 cm

Das neue Medium „Film"

Für die Surrealisten war das Anfang des 20. Jahrhunderts aufkommende Medium Film von höchster Bedeutung. Der Dichter Apollinaire bemerkt 1909, dass „das Kino der Schöpfer eines überwirklichen Lebens" sei. Die Möglichkeiten des Kinos, dem Betrachter reale Welten vorzuspielen, die aber, von Dokumentationen ausgenommen, sämtlich erfunden waren, spielt den Vertretern des Surrealismus perfekt in die Hände. Auch Max Ernst erkannte die neuen Formen künstlerischer Darstellung sofort und kam durch seine Freundschaft mit in Paris lebenden Filmemachern zu einigen Rollen als Darsteller.

So spielt er in Luis Buñuels Film *L'Age d'Or* mit, in dem Kirche und Staat massiv angegriffen werden. Dieser und weitere Filme sollen Empörung und Skandale hervorrufen, was sie dann auch tun. Nach Ausschreitungen rechtsradikaler Banden,

Max Ernst bei Dreharbeiten zum Film *Entdeckungsfahrten ins Unbewusste* von Peter Schamoni, 1963

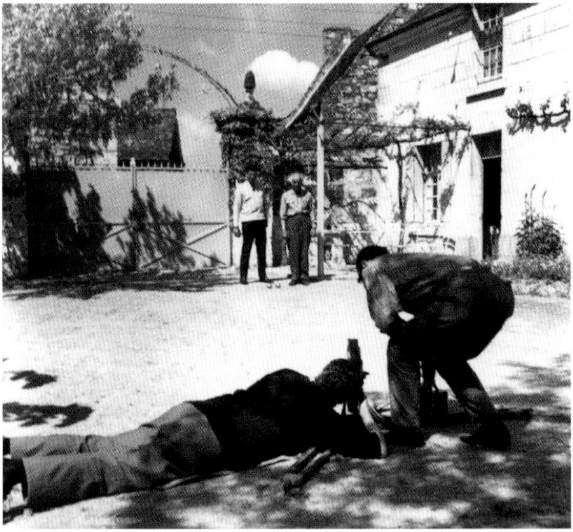

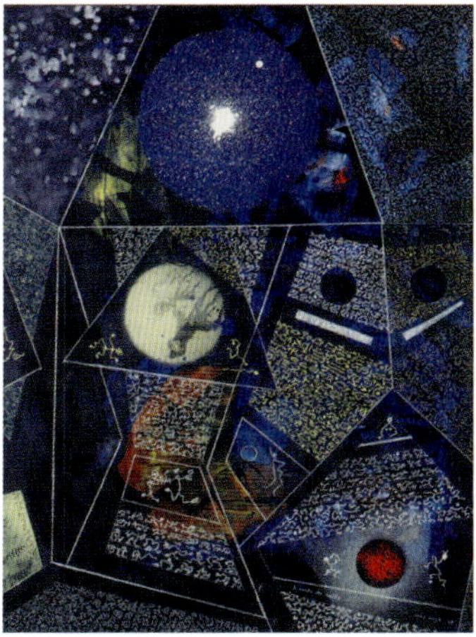

The World of the Naive, 1965,
Öl auf Leinwand, 116,5 × 89,5 cm

die einen Vorführraum zerstören, wird *L'Age d'Or* verboten und kann erst nach dem Ende des Zweiten Weltkriegs wieder in Frankreich und Deutschland aufgeführt werden.

Eine spätere, weitere Mitwirkung von Max Ernst erfolgt in den Filmen von Peter Schamoni. Seit den 1960er-Jahren drehte Schamoni Filme unter aktiver Mitwirkung des Malers, der sowohl Texte beisteuerte als auch immer wieder erlaubte, seine private Umgebung zu filmen und damit Einsichten in sein Schaffen zu geben, wie dies bis dahin nie geschehen war. Besonders angetan war der Künstler von der Idee, einen Film nach seinem Buch *Maximiliana* zu drehen, das dem Astronomen Tempel gewidmet ist. Max Ernst demonstriert im 1967 entstandenen Film mit dem Titel *Die widerrechtliche Ausübung der Astronomie* vor der Kamera seine „Geheimschrift", die er in dem Buch verwendet hat. Diese Schrift ist eine grafische Sensation, denn sie lässt den Betrachter vermuten, dass es Regelmäßigkeiten oder gar Lesemöglichkeiten gibt, weil sie entfernt an Hieroglyphen erinnert, doch das ist nicht der Fall. Max Ernst hat hier eine später auch in anderen Arbeiten und Büchern auftauchende enigmatische (rätselhafte) Kalligrafie erfunden, die trotz ihrer schwingenden Anmut und ihres harmonischen Gleichklangs nicht den geringsten rationalen Sinn ergibt und deshalb auch nicht lesbar ist. Schamoni durfte dem Künstler bei der Entstehung dieser „Geheimschrift" über die Schulter sehen und hielt dadurch einen faszinierenden Schaffungsprozess fest.

Frankreich und Europa – ein später Siegeszug

IM NACHKRIEGSEUROPA HERRSCHEN ANDERE TENDENZEN VOR

1953 kaum in Paris angekommen, reist er mit Dorothea an den Rhein und besucht sein Geburtshaus. Dass ihn seine Rückkehr nach Europa innerlich aufwühlt, zeigt am besten eines seiner bedeutendsten Gemälde, das er gleich nach seiner Ankunft malt und ihm den Titel *Vater Rhein* (1953) gibt. Weiche Kurven bilden ein Mosaik, in dem grüne Wiesen, Vögel, Blumen, Fische, der Rhein und Uferfelsen eingewoben sind. Gleichzeitig wird eine Figuration imaginiert, die den Wassergott in Form eines Fötus in verzerrender Weise darstellt. Auch kann man darin eine Identifikation des Malers mit dem Fluss sehen. Das Bild zeigt keine gegenständlichen Formen, und dennoch vergegenwärtigt es das Erlebnis der rheinischen Landschaft vollkommener als jedes „realistische“ Abbild.

Noch in anderen Arbeiten kommt die emotionale Verbundenheit mit seiner Heimat zum Ausdruck, die sich nicht zuletzt auch in den Titeln, die Max Ernst stets erst nach der Fertigstellung hinzu-„erfindet“, niederschlägt. Die Farben werden nun kräftiger, der frische und fantasievolle Farbauftrag differenzierter. Er selbst sagt in einem Gespräch mit dem Bonner Kunsthistoriker Eduard Trier, dass er sich nach fast 40 Jahren künstlerischen Schaffens „die Freiheit der Farben“ erlauben könne.

Wenn man auch in den Bildern dieser Zeit Hinweise auf reale Landschaften findet, so malt Max Ernst jedoch keine gesehenen „Wirklichkeiten“. Als großer Bewunderer des Romantikers Caspar David Friedrichs beachtet und veranschaulicht er

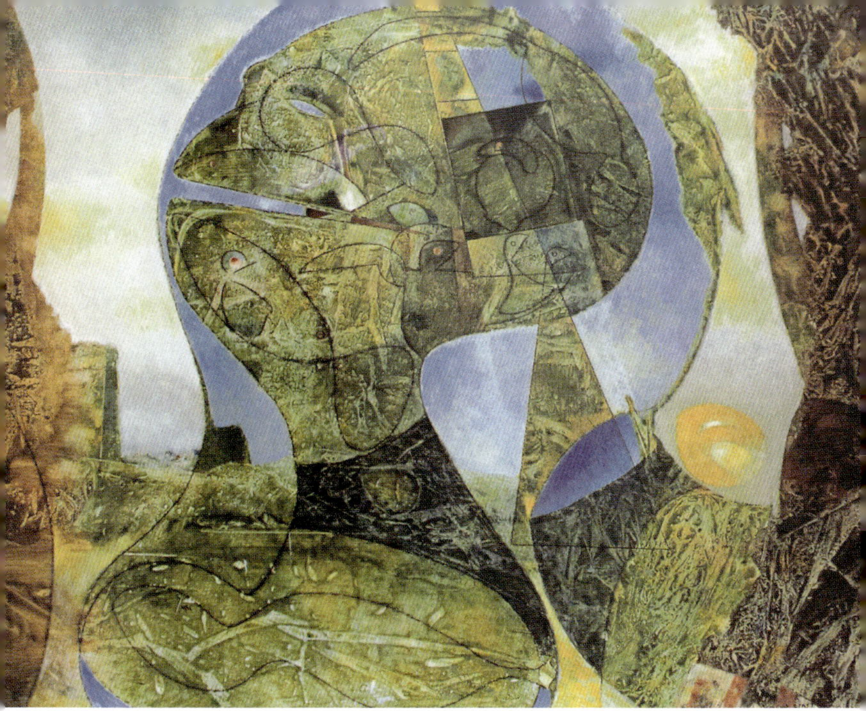

Vater Rhein, 1953, Öl auf Leinwand, 114 × 146 cm

Erlebnis der Landschaft Nach einem Besuch in Köln, das er seit 25 Jahren nicht mehr gesehen hat und der ihn emotional stark ergriffen haben muss, widmet sich Max Ernst 1953 zum ersten Mal einem Flussthema und benennt das Bild sentimental und romantisch *Vater Rhein*. Es stellt eine Erinnerung an seine Jugendzeit dar, eine tief empfundene Reaktion auf den Fluss und auf die Stadt, in der er geheiratet hat und sein einziges Kind geboren wurde. Erstaunlich ist, dass er trotz dieser emotionalen Hinwendung seinen Stil in keiner Weise verlassen hat. Das Bild zeigt keine einzige gegenständliche Form, und dennoch vergegenwärtigt es in surrealer Weise das Erlebnis einer Landschaft.

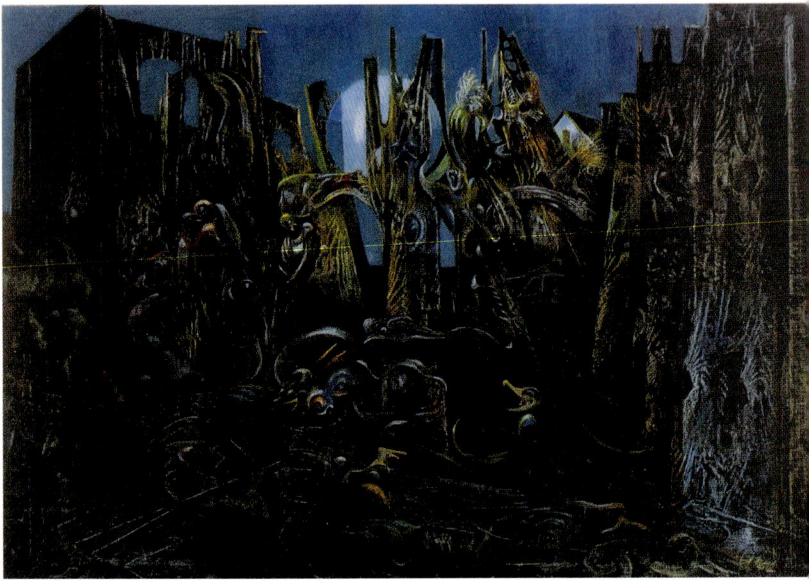

Die rheinische Nacht, 1944, Öl auf Leinwand, 110 × 150 cm

vielmehr dessen Ausspruch auf das Beste: „Der Maler soll nicht bloß malen, was er sieht, sondern auch, was er in sich sieht. Sieht er aber nichts in sich, so unterlasse er auch zu malen, was er vor sich sieht. Sonst werden seine Bilder den spanischen Wänden gleichen, hinter denen man Kranke und Tote verbirgt."

Max Ernst bleibt also seiner Überzeugung des Umsetzens von auf ihn einströmenden Einflüssen in surrealistischer Manier absolut und ohne Ausnahme treu, auch wenn man glaubt, in den Bildern der Nachkriegszeit hier und da Hinweise auf den **Tachismus*** zu finden. Diese künstlerischen Ausdrucksformen nimmt er wahr, sie beeinflussen ihn aber letztlich nicht erkennbar. Von den Kriegsereignissen gedemütigt, an der Seele beschädigt, vom primitiven Abklatsch der angeblich „deutschen" Nazikunst befreit und nicht zuletzt schockiert von dem

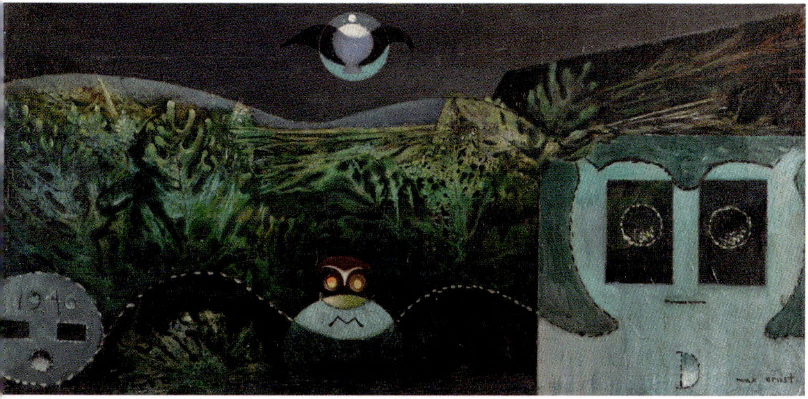

Les phases de la nuit (Die Phasen der Nacht), 1946, Öl auf Leinwand, 91 × 162 cm

Holocaust ist die bevorzugte Stilrichtung in der Nachkriegszeit abstrakt, tachistisch, später **informell*** und zumeist farblich nüchtern; bei vielen Künstlern herrschen Grautöne vor. Fast alles Farbige wird vom Feuilleton rasch in die Ecke des Handwerklichen, ja der unziemlichen Genusssucht, der Gefälligkeit gestellt. Vielfach sind es nach dem Krieg dieselben Kritiker, die noch bis 1945 die billige Realismus-Masche des Faschismus mit ihren peinlichen Nacktskulpturen in Übergröße und den blondierten, Kinder auf dem Arm tragenden Frauen als „wahre deutsche Kunst" gefeiert hatten, die nun für das vermeintliche Gegenteil vehement fechten, wohl auch um eigene Spuren zu verwischen. Künstler, die sich den Haupttrends der Kulturdefiniteure nicht unterordnen wollen, haben im Kunstbetrieb kaum eine Chance. Die Ausstellungsgeschichte der Kulturpolitik des Deutschen Pavillons in Venedig belegt dies nachdrücklich. Dass Max Ernst seinen internationalen Durchbruch nun gerade auf der Biennale in Venedig im Jahr 1954 erlebt, darf als Ironie des Schicksals betrachtet werden, wenngleich es von der internationalen Jury wohl eher als überfällige internationale Anerkennung des Surrealismus verstanden werden sollte.

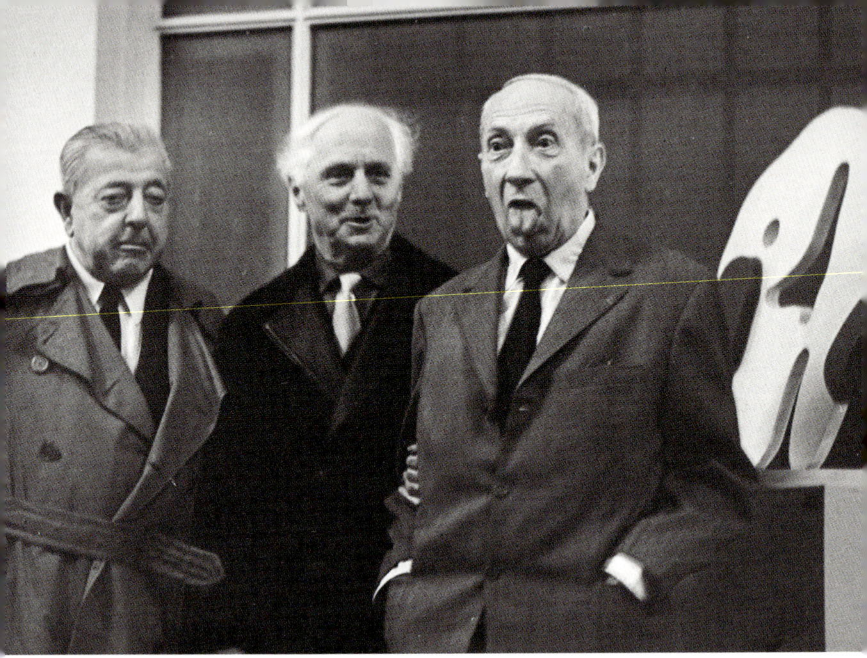

DER KAMPF GEGEN DEN MAINSTREAM DER MUSEUMSLEUTE

Seiner gegen den Mainstream gerichteten Außenseiterrolle war sich Max Ernst sehr wohl bewusst und hat dies in den 1960er-Jahren kommentiert: „Ich gestatte dem Maler [gemeint ist er selbst] zu lachen, zu weinen, Stellung zu nehmen und mit all' seinen halluzinatorischen Fähigkeiten zu spielen – und eine absolute Weigerung als Tachist zu leben."

Max Ernst hat nur selten und dann für kurze Zeit einen festen Wohnsitz, er verfügt nicht über ein regelmäßiges Einkommen, und seine persönlichen Bindungen sind vielfältig und bis zum Kennerlernen von Dorothea Tanning nicht von langer Dauer. Seine gesellschaftliche Stellung als wenig erwünschter und von der etablierten Gesellschaft, den Museumsleuten, Galeristen und Auktionshäusern am Rande stehender Künstler geben

Von links nach rechts: Jacques Prévert, Max Ernst und Hans Arp; rechts die Holzplastik *Kopf-Stabile* von Hans Arp von 1926, 1962

ihm jedoch das Vorrecht, in eben diese Gesellschaft unvoreingenommen und unbeeinflusst von opportunistischen Erwägungen hineinzusehen. Kaum hat ein Künstler jemals radikaler gegen den Mainstream gearbeitet als Max Ernst. Man kann dies leicht an den Jahreszahlen seiner Bilder festmachen. Alles, an das sich der heutige Betrachter gewöhnt haben mag, entspricht bei seiner Entstehung in keiner Weise den Sehgewohnheiten, ist erklärungsbedürftig, schockiert teilweise und ist für viele – jedenfalls auf Anhieb – unverständlich. Dies wird besonders durch einen Vergleich mit dem in der Nachkriegszeit als der Inbegriff des surrealistischen Malers geltenden Salvador Dalí deutlich, aber auch Arbeiten von Paul Delvaux, René Magritte kann man hinzuziehen. „Was wir auf diesen Bildern sehen, ist verfremdet und irreal, gleichwohl beeindruckend präzise, ja geradezu lackiert dargestellt", wie John Russell bemerkt. Was ihren Arbeiten jedoch häufig fehlt, sind die gesellschaftliche Relevanz ebenso wie die von Max Ernst bewusst herbeigeführte Vieldeutigkeit.

Ich habe Zweifel gehabt, ob es eine Möglichkeit gibt, durch Künstler und Schriftsteller „die Welt zu verändern". Max Ernst

Dennoch erstaunt es die Fachwelt, dass nun in Venedig Max Ernst für Malerei, Arp für die Skulpturen und Miró für die Grafik als die Wegbereiter des Surrealismus „geadelt" werden. „Bei der 27. Biennale erwischt M. E. zu seinem Erstaunen den großen Preis für Malerei (mit Arp für die Plastik und Miró für Graphik)", so beschreibt der Künstler seine Überraschung und Freude über diese Auszeichnung, die diese drei seit Jahrzehn-

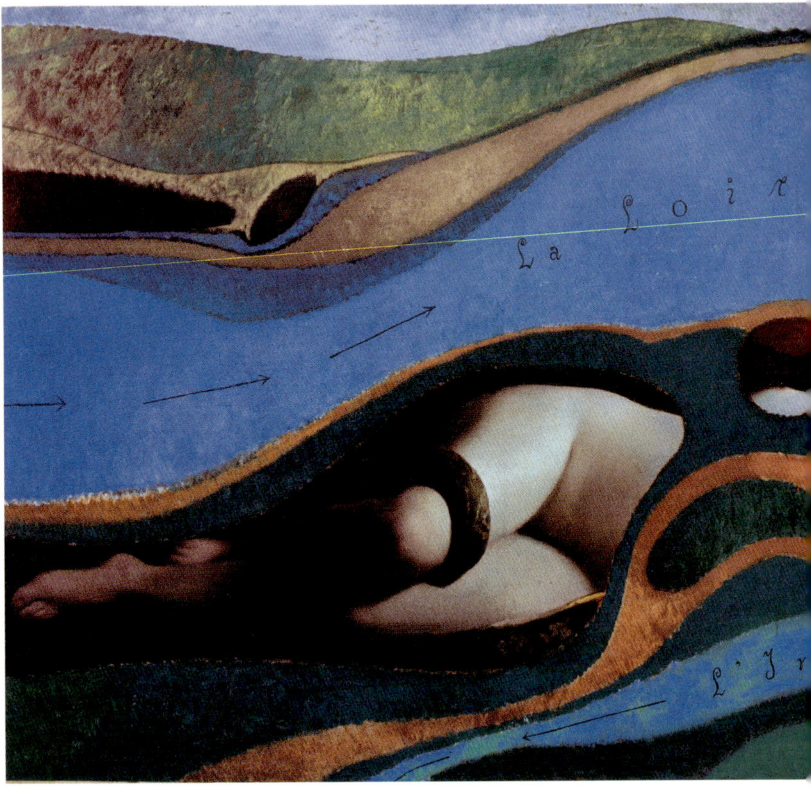

ten befreundeten Künstler zu hohem Ruhm zusammenführt. Für Max Ernst bedeutet diese international renommierte Auszeichnung seinen zweiten Sieg in der internationalen Kunstwelt, diesmal ohne Wenn und Aber auch einen ewigen Eintrag in der Kunstgeschichte. Seinen ersten als Dada-Aktivist und einer der konsequentesten Maler des Surrealismus erringt er bereits vor seiner Emigration; seine bahnbrechenden Arbeiten und die seiner Kunst zugrunde liegende theoretische Überzeugung verschaffen ihm jedoch nur selten ein großes Publikum und erst recht keine kommerziellen Erfolge. Dies ändert sich von Stunde an.

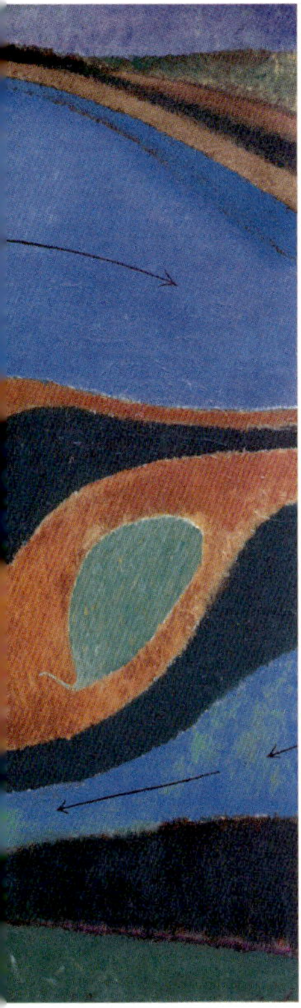

Der Garten Frankreichs, 1962,
Öl auf Leinwand, 114 × 168 cm

Zu jener Zeit beschäftigen sich noch relativ wenig Menschen mit zeitgenössischer Kunst. Die allgemeine Vorstellung von „neuer Kunst“ ist recht oberflächlich, und die Feuilletons werden nur von wenigen gelesen. Selbst renommierte Kunstakademien, wie die in Düsseldorf, sind kärglich ausgestattet und verfügen über geringe Mittel. Der Preis für diese drei großen Altmeister des Surrealismus verursacht deshalb großes Aufsehen und wird allgemein als die Nobilitierung des Surrealismus in der bildenden Kunst bewertet. Nunmehr beeilen sich die renommiertesten Museen der Welt, von Paris bis New York, eine Retrospektive zu organisieren. Und auch die deutsche Kunstwelt nähert sich vorsichtig dem in Deutschland geborenen, von dort vertriebenen, amerikanischen, später französischen Staatsbürger, der er 1958 geworden war. Dennoch benötigt das Kölner Wallraf-Richartz-Museum bis zum Jahr 1963, um eine groß angelegte Schau zu präsentieren, deren wesentlicher Beitrag weniger in den zumeist zwischenzeitlich weltweit gezeigten Arbeiten als vielmehr in der von Max Ernst bis zum Jahr 1963 ergänzten Autobiografie besteht, die dem Katalog beigefügt wird und bis heute die authentischste Quelle für alle Biografen über ihn darstellt. Die Region um Brühl und Köln, insbesondere die Kölner Galerie Der Spiegel, bemüht sich in der Folgezeit durch viele kenntnisreich präsentierte Ausstellungen, durch einen engen persönlichen Kontakt zu Max Ernst sowie durch Nachdrucke früherer Publikationen, das Werk in das Bewusstsein kunstinteressierter Kreise zu heben.

Das Max Ernst Museum in Brühl

Max Ernst wurde in Brühl im Rheinland geboren, hier ging er zur Schule und machte auch seine ersten Damenbekanntschaften, mit denen er im unweit des kurfürstlichen Schlosses gelegenen »Brühler Pavillon« das Tanzbein schwang.

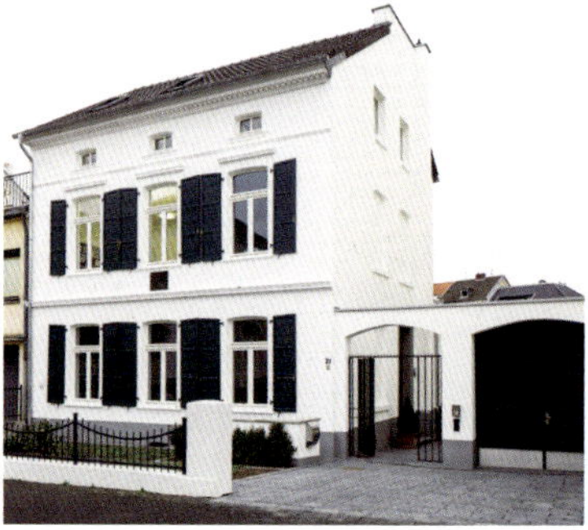

Max Ernsts Geburtshaus von 1891 in Brühl, in dem sich heute die Museumsverwaltung und Räume für die Museumspädagogik des Max Ernst Museums befinden, 2013

Im September 2005 wurde in eben diesem Gebäude das Max Ernst Museum eröffnet. Der Gebäudekomplex ist eine Verbindung aus Alt und Neu: Die klassizistische Dreiflügelanlage aus dem 19. Jahrhundert wurde um einen zentral eingefügten Glaspavillon und ein nahezu schwebendes Eingangsplateau erweitert sowie im Untergeschoss durch zusätzliche Ausstellungs- und Veranstaltungsräume ergänzt. Die Sammlung umfasst siebzig Schaffensjahre von Max Ernst: die dadaistischen Aktivitäten im Rheinland, Beispiele seiner führenden Rolle in der surrealistischen Bewegung in Frankreich, das Exil in den USA und schließlich die Rückkehr nach Europa im Jahr 1953. Zur Sammlung gehören auch die Arbeiten aus dem Besitz der Stiftung Max Ernst, die das nahezu vollständige druckgrafische Werk von Max Ernst umfasst, sowie Schenkungen von Dorothea Tanning und Werner und Monique Spies. Das einmalige Konvolut von über 700 fotografischen Porträts und Dokumenten von Fotografen wie Man Ray, Henri Cartier-Bresson oder Lee Miller ergänzt das Werk

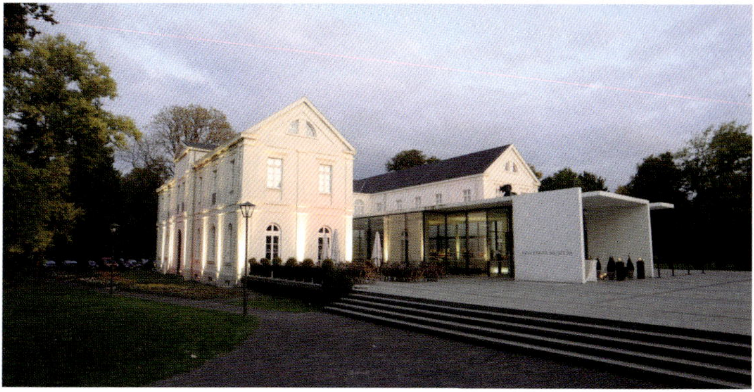

Nachtansicht des Max Ernst Museums Brühl, 2008

von Max Ernst um wichtige Einblicke in sein Arbeits- und Privatleben. Hinzu kommen die Bestände der Stiftung Schneppenheim zur Förderung des Max Ernst Museums und die prächtige Sammlung des Filmemachers Peter Schamoni. Weltweit einzigartig ist die Sammlung von 70 Skulpturen, die allesamt aus dem persönlichen Besitz des Künstlers stammen. Ein weiterer Höhepunkt und zugleich Herzstück der Ausstellung sind die 36 „D-paintings", jährliche Geburtstags- und Liebesgeschenke von Max Ernst an seine vierte Frau, die Künstlerin Dorothea Tanning, mit der er über drei Jahrzehnte lang verbunden war.

Das vielseitige Werk von Max Ernst wird durch Wechselausstellungen immer wieder belebt: Geistesverwandte Künstler von der Klassischen Moderne bis in die Gegenwart, die sich auf Max Ernst oder den Surrealismus beziehen oder biografisch mit ihm verbunden waren, schaffen einen neuen Blickwinkel auf die Werke Ernsts. Darüber hinaus legt das Museum großen Wert auf praxisverbundene Kunstvermittlung, die sich der neuesten Medien, wie Virtual Reality, bedient und die mit dem „Fantasie Labor" , das sich nur wenige Minuten entfernt im Geburtshaus des Künstlers befindet, insbesondere junge Menschen für Kunst begeistert.

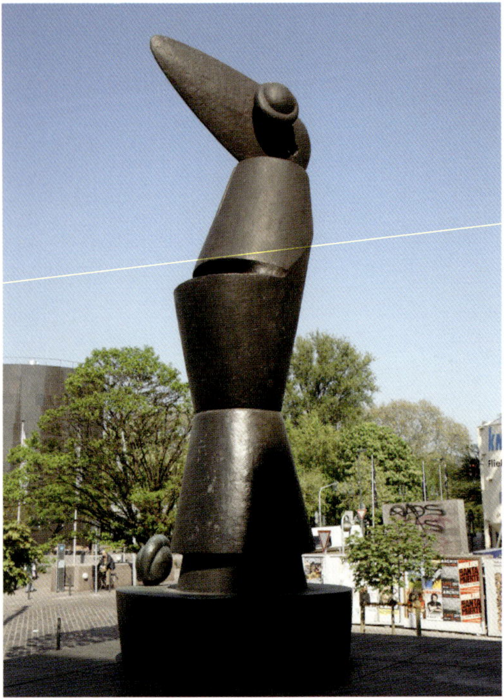

Habakuk, 1971,
Bronze, Höhe 390 cm

DIE ZEIT DER INTERNATIONALEN ANERKENNUNG AUCH IN DEUTSCHLAND

Obwohl sich die Museumsdirektoren nunmehr die Klinke in die Hand geben und dank der Großzügigkeit der wenigen frühen Sammler, die in kurzen Abständen immer wieder Leihgaben zur Verfügung stellen, erfolgreiche Ausstellungen kuratiert werden, ist es bemerkenswert, dass erst im Jahr 1970 die bis dahin an vielen Stellen verstreuten Schriften von Max Ernst publiziert werden. In dem Band *Ecritures*, der bei Gallimard in Paris verlegt wird und in dem René Bertelé den Großteil der bis dahin bekannten Schriften des Künstlers zusammengeführt hat, wird erstmals deutlich, wie konsequent Ernst sich Zeit seines Lebens mit seinem Verständnis von Kunst aus-

Wenn ich mit meiner Malerei in eine Sackgasse komme, so bleibt die Skulptur als Ausweg übrig […]. Bei der Skulptur spielen beide Hände eine Rolle, wie bei der Liebe. Max Ernst zu Peter Schamoni, 1963

einandergesetzt hat. Die einzelnen Lebensabschnitte werden gewissenhaft aufgeführt, Details festgehalten, Beweggründe jedoch gleichzeitig mit ironischer Distanz kommentiert.

Max Ernst erhält nun viele Ehrungen, von denen er eine allerdings strikt ablehnt: Mit einem persönlichen Brief weist er die ihm angebotene Ehrenbürgerschaft seiner Geburtsstadt Brühl zurück, weil sie den verantwortlichen Kommunalbeamten seiner ersten Nachkriegsausstellung im Brühler Schloss persönlich für den eingetretenen finanziellen Verlust verantwortlich gemacht und diesen aus dem Amt gedrängt hat.

Die Ehrendoktorwürde der Universität Bonn, also der Universität, an der er studiert hat, ohne einen akademischen Abschluss anzustreben, wird ihm in einem feierlichen Akt 1972 überreicht. Eduard Trier, langjähriger Professor für Kunstgeschichte an der dortigen Universität und ein Freund des Malers, hält die Laudatio. Er verweist auf die Studien, die Max Ernst betrieben hat und auf die „mäßige Note" in Kunst. Vor allem aber hebt er den schier unerschöpflichen Erfindungsreichtum des Künstlers hervor, der zur genialen Umsetzung des Surrealismus mithilfe der von ihm erfundenen oder entdeckten Techniken geführt hat. Zudem bescheinigt er dem Künstler, ein Philosoph zu sein, nicht in dem Sinne des klassi-

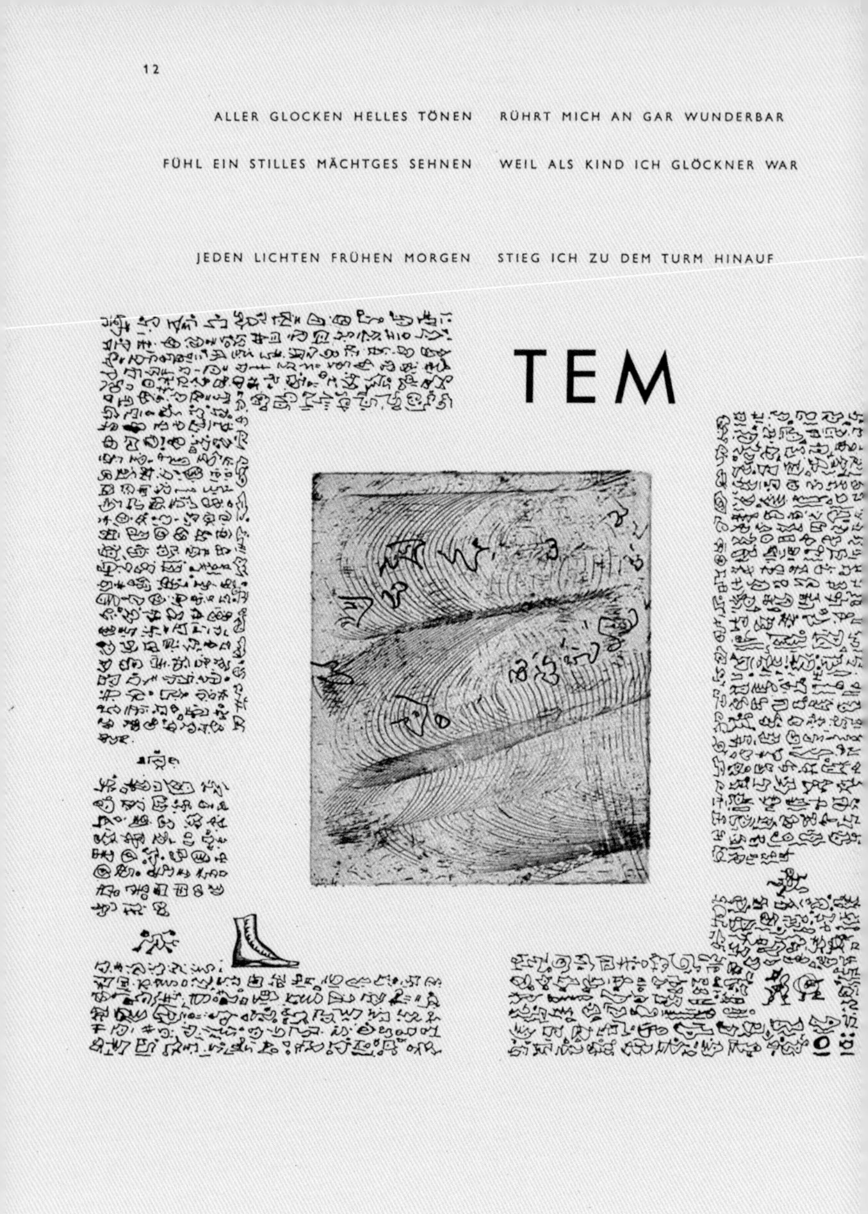

12

ALLER GLOCKEN HELLES TÖNEN RÜHRT MICH AN GAR WUNDERBAR

FÜHL EIN STILLES MÄCHTGES SEHNEN WEIL ALS KIND ICH GLÖCKNER WAR

JEDEN LICHTEN FRÜHEN MORGEN STIEG ICH ZU DEM TURM HINAUF

TEM

Seite aus dem Künstlerbuch *Maximiliana ou l'exercice illégal de l'Astronomie* von Max Ernst, 1964

UND ZU NEUEN TAGESSORGEN WECKTE ICH MEIN DÖRFLEIN AUF

MITTAGS ABENDS GING ICH LÄUTEN KÜNDETE DEN FLEISSGEN AN

ALLES WAS SIE SCHAFFEND BAUTEN IST FÜR ALLE MITGETAN

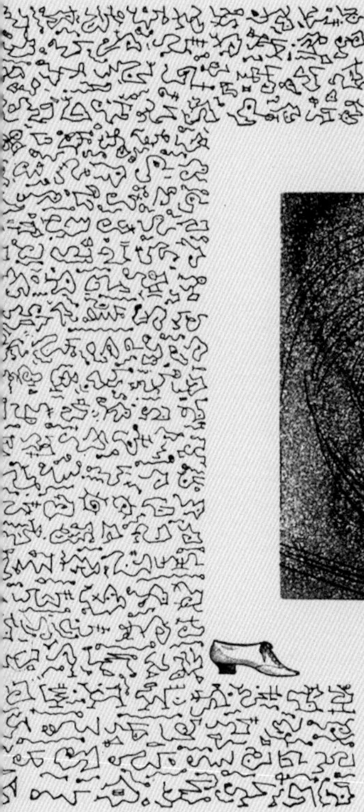

PEL

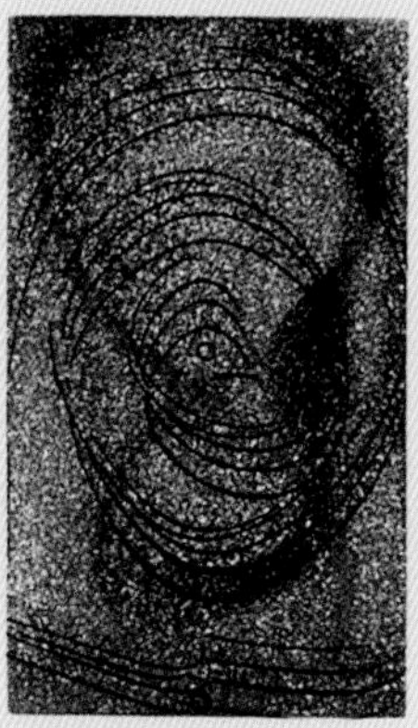

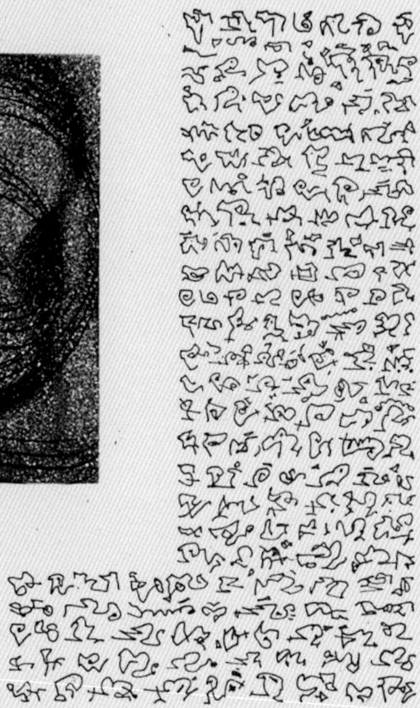

schen Universitätslehrers, sondern so, wie es Alexander Koval einmal notiert hat: „Max Ernsts Universum liest sich wie das Inhaltsverzeichnis eines zeitgenössischen philosophischen Werkes, das noch nicht geschrieben worden ist. Der ehemalige Philosophiestudent der Universität Bonn hat darauf verzichtet, dieses Werk zu schreiben; er hat es gemalt und fügt ihm Tag für Tag neue Kapitel und Kommentare an, ohne deshalb ein Illustrator der Philosophie zu werden."

KUNSTBÜCHER MIT DICHTERFREUNDEN BLEIBEN SEINE LEIDENSCHAFT

Neben seinem plastischen Werk arbeitet Max Ernst weiter an Büchern, die heute zum Kanon der Kunstbücher des 20. Jahrhunderts gehören. Allein der Titel des 1962 publizierten Werks *Die Nacktheit der Frau ist weiser als die Lehre des Philosophen,* mit dem er auf die Frage nach seinem Verhältnis zu den Theorien des Immanuel Kant reagiert, belegt die Freigeistigkeit des Denkers Max Ernst. Er liebt es, Bücher zu Texten seiner Freunde zu illustrieren, wobei seine Arbeiten stets eigenständige Kunstwerke sind und das Wort „Illustration" zu kurz greift.

Die wohl bedeutendste Arbeit aus dieser Zeit ist sein grafisches Buch *Maximiliana ou l'exercice illégal de l'Astronomie (Maximiliana oder die widerrechtliche Ausübung der Astronomie)* von 1964. Max Ernst war fasziniert von der Biografie des deutschen „Amateurastronomen" Wilhelm Leberecht Tempel, der sein Geld als Lithograf verdiente, Zeit seines Lebens aber intensiv und erfolgreich mit einem kleinen Teleskop den Himmel beobachtete und Kometen und Asteroiden entdeckte. Da er „kein Diplom" (Max Ernst über Max Ernst) hat, wurden seine Entdeckungen von den deutschen Berufsastronomen nicht

> **Die wahre Sensibilität beginnt, wenn der Maler entdeckt, dass die Strömungen des Baumes und der Wasserrinde verwandt, die Steine und sein Gesicht Zwillinge sind.**
>
> Max Ernst

anerkannt. Schließlich fand er in Italien und Frankreich eine Anstellung als Astronom und allmählich internationale Beachtung. Es ist dieses „ohne Diplom erfolgreich seinen Weg gehen", das Max Ernst bewundert, entspricht die Haltung doch genau seiner Vorstellung von Selbstverwirklichung. Dieser unabhängige Astronom, der zugleich Poet, Lithograf, Wissenschaftler und Opfer eines politischen Systems war und dem die Nachwelt trotz aller Anfechtungen der zeitgenössischen Fachwelt Recht geben musste, erscheint Max Ernst als einer der „klassischen Revolutionäre der europäischen Geschichte", wie John Russell schreibt. Das Buch wird in enger Zusammenarbeit mit dem Typografen Iliazd, den Max Ernst schon seit frühen Pariser Tagen kennt, in Szene gesetzt, wobei er seinen Beitrag in der Form einer frei erfundenen handgeschriebenen Geheimschrift, die sich nie wiederholt, nie zu einem erkennbaren Bild oder in ein Alphabet fügt, leistet. Der Band ist nicht zuletzt aufgrund seiner überragenden Gestaltungsqualität eines der bedeutendsten illustrierten Bücher der zweiten Hälfte des 20. Jahrhunderts.

Von besonderer Bedeutung für den Künstler selbst ist das Buch *Seelandschaft mit Kapuziner*, das auf ein Gemälde des von ihm verehrten Caspar David Friedrich Bezug nimmt. Max Ernst übersetzt dazu zum ersten Mal Texte ins Französische von Heinrich von Kleist, Clemens Brentano und Achim von Arnim und versieht das Buch mit Collagen und einer Lithografie. Er nimmt mit dem im Jahr 1972 erschienenen Werk seine tiefe

Betroffenheit auf, die er bereits in den 1930er-Jahren empfunden hatte, als er von der Zerstörung von neun Werken des Malers durch einen Brand in München hörte. Max Ernst empfindet dies damals auch als einen persönlichen Verlust und gleichzeitig als warnendes Geschehen für ihn selbst. Seine Verehrung für den großen Romantiker ist legendär. Oft hat er sich dazu geäußert und betont, wie viel er ihm verdankt. Dies kommt nicht von ungefähr, denn das augenfälligste Merkmal an den Arbeiten von Caspar David Friedrich ist die Stille, die auf seinen Gemälden herrscht, und die auf den ersten Blick als „Realität" erscheinenden Landschaften sind alles andere als real wiedergegeben. Insoweit darf der Romantiker als ein Vorläufer von Max Ernst gesehen werden. Caspar David Friedrich äußert sich „surrealistisch", ohne den Begriff zu kennen, wenn er ausführt, dass „der Maler seine Augen schließen muss, um das Bild mit seinem inneren Auge oder geistigen Auge sehen zu können". Der Surrealismus findet in Sigmund Freuds Forschungen insoweit seine theoretische Grundlage, als er die Fortführung des romantischen Gedankens von Friedrich auf anderer Ebene spiegelt.

Seinem seit der Nazizeit verschollenen Gemälde *Die schöne Gärtnerin,* das ganz bewusst das gleichnamige Gemälde von Raffael zitiert, widmet er mit dem von Werner Spies im Jahr 1971 herausgegebenen Band *Die Rückkehr der schönen Gärtnerin* eine nostalgische Referenz. Er selbst bezeichnet die neue Version als „verklärt und reiner" als die ursprüngliche Fassung. Ihm ist aber besonders wichtig, dass die ideologische Idiotie der Nazis mit ihrem Diktum, dass das Bild eine „Beschimpfung des deutschen Weibes" gewesen sei, auf Dauer nicht Bestand hat. Der äußere Anlass ist der 80. Geburtstag des Künstlers im

Naissance d'une galaxie (Geburt einer Galaxie), 1969, Öl auf Leinwand, 92 × 73 cm

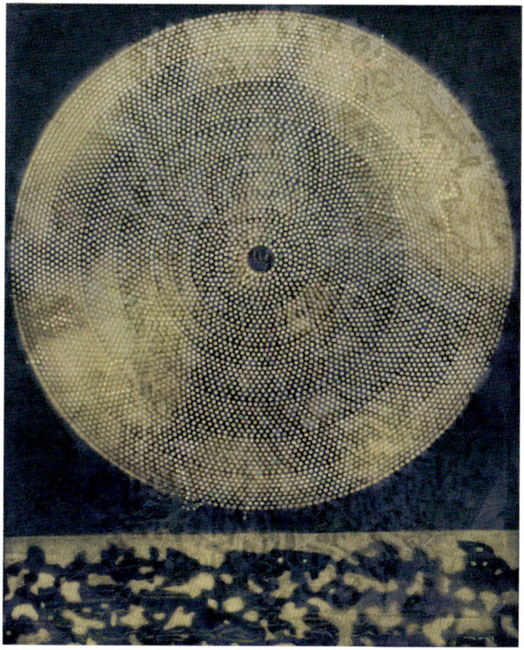

Jahr 1971, von dem er aber nicht viel Aufhebens machen möchte, das schöne Buch jedoch gern als eine Reminiszenz an sein wundersames Leben gelten lässt.

DIE STADT BRÜHL UND IHR BERÜHMTESTER SOHN VERSÖHNEN SICH

1971 besucht Max Ernst den damaligen Bundeskanzler Willy Brandt in Bonn. Die beiden verbindet eine gemeinsame Erfahrung als Emigranten, da sie beide vor den Nazis geflohen waren, Brandt nach Norwegen, Ernst in die USA. Auch besucht er nochmals und diesmal in freundlicher Übereinkunft mit den Vertretern der Stadt zusammen mit seiner Frau Dorothea seine Geburtsstadt Brühl, wo ein Brunnen mit seinen Skulpturen eingeweiht wird. Nach all den Differenzen, Missverständnissen und Borniertheiten während der Nachkriegszeit wirkt es

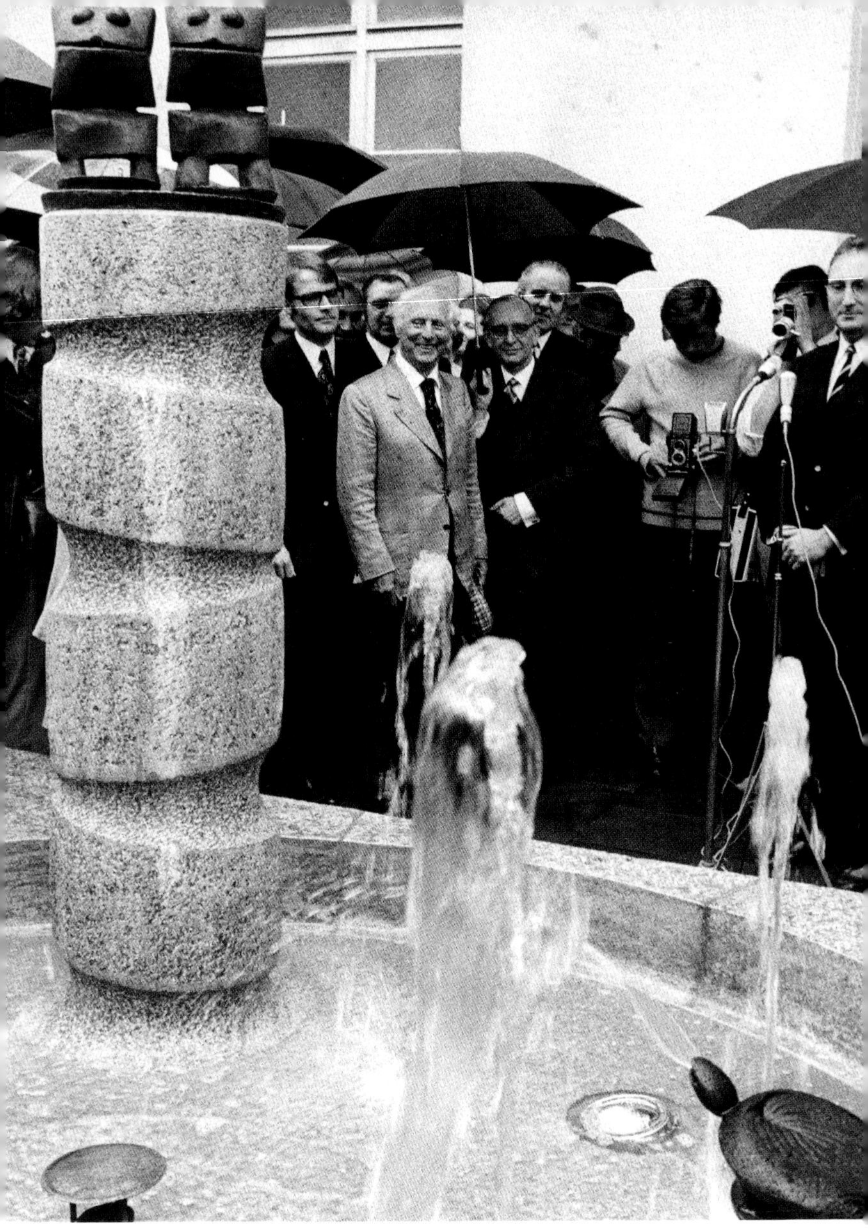

Einweihung des Brunnens in Brühl mit Skulpturen von Max Ernst
im Beisein des Künstlers, 1971

im Nachhinein so, als ob er mit diesen Gesten der Verbundenheit in freundlicher Atmosphäre Abschied von Deutschland nehmen will. Seine damalige Kölner Galeristin Eva Stünke begrüßt ihn in Brühl mit einer launigen Rede. Sie stellt auf das unstete Leben von Max Ernst ab und fragt, ob er Amerikaner oder Franzose sei. Max Ernst antwortet: „Ich bin Rheinländer."

Max Ernst erleidet im Mai 1975 einen schweren Schlaganfall, wird von seiner Frau Dorothea gepflegt und stirbt einen Tag vor seinem 85. Geburtstag am 1. April 1976 in Paris, wo er auch bestattet wird.

In den Jahren bis zu seinem Tod wird ihm eine Retrospektive im Guggenheim-Museum, New York, ausgerichtet, die für allergrößte Aufmerksamkeit sorgt und den Surrealismus und seinen bedeutendsten Maler zurück in die Köpfe der kunstsinnigen Metropole und weit darüber hinaus bringt. Werner Spies veröffentlicht 1974 ein erhellendes Buch über seine Collagen, das als Grundlagenwerk für den gesamten malerischen Surrealismus betrachtet werden muss.

Die „letzte Frage", die von Max Ernst auf uns gekommen ist, wird in seinen *Biographischen Notizen* wie folgt wiedergegeben: „Max Ernst gestattet sich, seinen strengen Lesern und sanften Leserinnen die Frage zu stellen, ob er die schmeichelhafte Benennung verdient, die ihm einer der größten (und verkanntesten) Dichter unserer Zeit (René Crevel) angeboten hat: ‚Der Zauberer der kaum spürbaren Verrückungen'".

CABARET VOLTAIRE *Legendäre „Künstlerkneipe" in Zürich, wo im Februar 1916 von Hugo Ball und Emmy Hennings die Dada-Bewegung gegründet wurde. Bei den Veranstaltungen wurden Musik und Tanz dargeboten sowie Manifeste und Lautgedichte vorgetragen. Zürich war für viele Künstler aus den kriegsbeteiligten Nationen zu einem Zufluchtsort geworden. An diesem Ort fanden sie sich zusammen, um mit genialen, verrückten, jedenfalls aber völlig ungewöhnlichen und manchmal sinnfreien Auftritten gegen den Krieg zu protestieren.*

ÉCRITURE AUTOMATIQUE *Ursprünglich in der Psychologie verwendet, wird das „automatische Schreiben" im Surrealismus zum Schlüsselbegriff des Verständnisses, wie sich surrealistisches Schreiben vollziehen soll. Breton definiert es als „Denkdiktat ohne jede Kontrolle der Vernunft". Im surrealistischen Manifest Bretons von 1924 gibt er ins Detail gehende Anweisungen, wie sich der Schriftsteller auf seine Eingebungen verlassen, keinerlei intellektuelle Kontrolle ausüben und sich der Willkür überlassen soll. In der bildenden Kunst kommt die von Max Ernst verwendete „Frottage" (Durchreiben) dem automatischen Schreiben am nächsten.*

„ENTARTETE KUNST" *Von den Nationalsozialisten geprägter Ausdruck, der alle Kunstrichtungen und Ausdrucksformen moderner Kunst diffamierte, die sich nicht an dem ideologischen „Ideal" eines völkisch und rassentheoretisch begründeten Kunstbegriffs der Nazis orientierten. Die 1937 in München organisierte Ausstellung zeigte 650 Werke von zum Teil weltberühmten Künstlern. Zudem wurden sämtliche Arbeiten jüdischer Künstler diffamiert, geraubt, verbrannt, teilweise im Ausland verkauft, um Devisen ins Deutsche Reich zu holen.*

INFORMELLE KUNST *Sammelbegriff für eine abstrakte Kunstrichtung, die sich der nicht geometrischen, gegenstandslosen Ausdrucksform verschrieben hat. Ihre Ursprünge finden sich in Frankreich in den 1940er-Jahren. In Deutschland erhielt nach der figürlich bzw. „realistisch" ausgerichteten Kunst der Nationalsozialisten die informelle Kunst einen großen Aufschwung. Bekannte Vertreter sind Bernard Schultze, Karl Otto Götz, Gerhard Hoehme, Hann Trier, Emil Schumacher.*

MUTTER EY *Eigentlich Johanna Ey, die diesen Kosenamen erhielt, weil sie als Düsseldorfer Galeristin junge Künstler ausstellte und unterstützte, häufig bevor sie irgendeinen nennenswerten Bekanntheitsgrad erlangt hatten. Sie förderte vor allem progressive Künstler, die Mitglieder der Gruppe Junges Rheinland, aber auch Max Ernst, Otto Dix, Otto Pankok und viele andere, die später von den Nationalsozialisten verfolgt wurden. Wegen der aus Dankbarkeit und Zuneigung geschaffenen vielen Porträts gilt sie als die meistgemalte Frau Deutschlands.*

SALON DES INDÉPENDANTS *Verkürzung von Société des Artistes Indépendants. Die Vereinigung unabhängiger Künstler wurde 1884 in Paris gegründet, als immer mehr junge Künstler von der konservativen königlichen Akademie nicht ausgestellt wurden. Sie suchten deshalb einen Weg, sich der Öffentlichkeit zu präsentieren und schufen die Vereinigung, deren „Salons", von der Stadt Paris unterstützt, großen Erfolg hatten und weitgehende Beachtung auch außerhalb Frankreichs fanden. Noch heute finden, zumeist im Grand Palais in Paris, regelmäßig Ausstellungen der Société statt.*

TACHISMUS *Abgeleitet ist der Begriff vom französischen „la tache", was Farbfleck bedeutet. Der Tachismus wird als Teil der informellen Malerei betrachtet, die in den 1940er-Jahren in Frankreich aufkam und circa 20 Jahre Bestand hatte. Etwa zur selben Zeit entstand in den USA das Action Painting, das die amerikanische Ausprägung des Tachismus darstellt. Bekannte Vertreter sind: Maria Lassnig, Nicolas de Staël, Wols, Jackson Pollock, Willem de Kooning, Kazuo Shiraga.*

Standorte der abgebildeten Werke

Cover/S. 43: Museum Ludwig, Köln
Vorsatz/S. 74: Privatsammlung, Paris
S. 9: Peggy Guggenheim Collection, Venedig
S. 17: Max Ernst Museum Brühl des LVR
S. 18: Museum Ludwig, Köln
S 19: The Menil Collection, Houston
S. 23: Ernst Art Limited Trust
S. 26: Max Ernst Archiv, Paris
S. 34: Privatsammlung, Paris
S. 35: Privatsammlung
S. 38: The Museum of Modern Art, New York
S. 39: Privatsammlung
S. 40: Tate, London
S. 44: Tate, London
S. 46: seit 1939 verschollen
S. 48: Privatsammlung Schweiz
S. 49: Kunsthaus Zürich
S. 50: Museo Thyssen-Bornemisza, Madrid
S. 51: Privatsammlung
S. 58: Ulla und Heiner Pietzsch, Berlin
S. 59: Privatsammlung
S. 62/Nachsatz: Lembruck Museum, Duisburg
S. 63: Max Ernst Museum Brühl des LVR
S. 69: Museum Ludwig, Köln
S. 71: Centre Pompidou, Paris
S. 73: Kunstmuseum Basel
S. 75: Max Ernst Museum Brühl des LVR
S. 78/79: Centre Pompidou, Paris
S. 84/85: Max Ernst Museum Brühl des LVR
S. 89: Fondation Beyeler, Basel

Ernst, Max: *Écritures,* Paris 1970

Fischer, Lothar: *Max Ernst,* Reinbek bei Hamburg 10. Aufl. 2005 (Rowohlts Monographien)

Max Ernst, Biographische Notizen (Wahrheitsgewebe und Lügengewebe), in: Max Ernst, Ausst.-Kat. Wallraf-Richartz-Museum, Köln, Köln 1962 (verschiedene Varianten in späteren Veröffentlichungen)

Quinn, Edward: *Max Ernst,* Zürich 1977

Russell, John: *Max Ernst – Leben und Werk,* Köln 1966

Spies, Werner (Hrsg.): *Max Ernst – Leben und Werk,* Köln 2005

Spies, Werner (Hrsg.): *Œuvre-Katalog,* unter Mitarbeit von Sigrid und Günter Metgen, 6 Bde, Köln 1975–98

Spies, Werner, und Jürgen Wilhelm (Hrsg.): *Von der Kunst, mit den Augen zu trinken,* Köln 2005

Spies, Werner: *Die Rückkehr der schönen Gärtnerin,* Köln 1971

Spies, Werner: *Max Ernst und die Geburt des Surrealismus,* München 2019

Straus-Ernst, Luise: *Nomadengut,* Hannover 1999

Trier, Eduard (Hrsg.): *Max Ernst,* Recklinghausen 1959 (Monographien zur rheinisch-westfälischen Kunst der Gegenwart, Bd. 11)

Waldberg, Patrick: *Max Ernst,* Paris 1975

Wilhelm, Jürgen (Hrsg.): *Über Max Ernst,* Köln 2010

Impressum

Konzeption der kleinen Reihe
Martina Padberg

Verlagslektorat
Sebnem Yavuz

Verlagsredaktion
Rosa Baumgartner

Satz und Gestaltung
Christian Padberg

Gesamtherstellung
Wienand Verlag

Printed in Germany

Erschienen im
Wienand Verlag
www.wienand-verlag.de
Weyertal 59, 50937 Köln

ISBN 978-3-86832-539-3

Umschlagabbildungen
Einband: Max Ernst: *Das Rendezvous der Freunde*, 1922 (Detail); Vorsatz: *Die rheinische Nacht*, 1944 (Detail); Nachsatz: *Die Versuchung des hl. Antonius*, 1945 (Detail)

Bibliografische Information der Deutschen Nationalbibliothek

Die Deutsche Nationalbibliothek verzeichnet diese Publikation in der Deutschen Nationalbibliografie; detaillierte bibliografische Daten sind im Internet über http://dnb.de abrufbar.

Fotonachweis
Für alle Werke von Max Ernst: © VG Bild-Kunst, Bonn 2020

S. 10: © Frederick & Frances Sommer Foundation; S. 18, 50, 78/79, 89: © akg-images; S. 26: © Die Photographische Sammlung/SK Stiftung Kultur - August Sander Archiv, Köln; VG Bild-Kunst, Bonn 2020; S. 38: © Artepics/Alamy Stock Photo; S. 44: © akg-images/Nimatallah; S. 53: Nachlass Josef Breitenbach; S. 55, 56: Nachlass Hermann Landshoff; S. 61: Bob Towers; S. 62/ Nachsatz: © bpk/Lutz Braun, S. 64: Nachlass John Kasnetzis; S. 70: Nachlass Victor Schamoni jun.; S. 71: © bpk/CNAC-MNAM/Georges Meguerditchian; S. 76: Nachlass André Villers; für das Werk von Hans Arp: © VG Bild-Kunst, Bonn 2019; S. 80: Max Ernst Museum Brühl des LVR /Dominik Schmitz; S. 81: Max Ernst Museum Brühl des LVR /Hans-Theo Gerhards; S. 82: © HYPERLINK „http://www.walter-dick-archiv.de" www.walter-dick-archiv.de; S. 90: Helmut Weingarten

Mit freundlicher Unterstützung des Max Ernst Museum Brühl des LVR

Wienand-Publikationen werden weltweit in führenden Buchhandlungen und Museumsshops angeboten (Vertrieb in Europa, Asien, Nord- und Südamerika).

WIENAND[S]
KLEINE REIHE
DER KÜNSTLER-
BIOGRAFIEN

96 Seiten
12,95 €

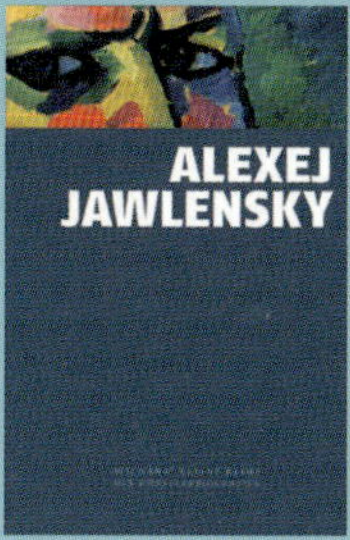

978-3-86832-286-6

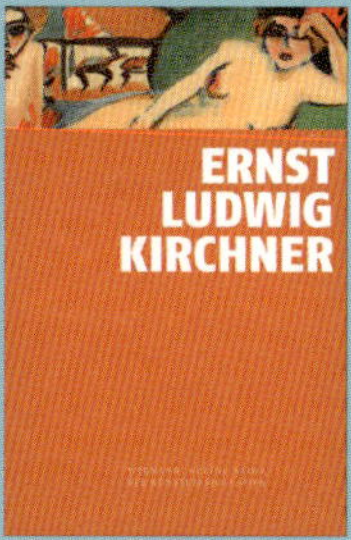

978-3-86832-389-4

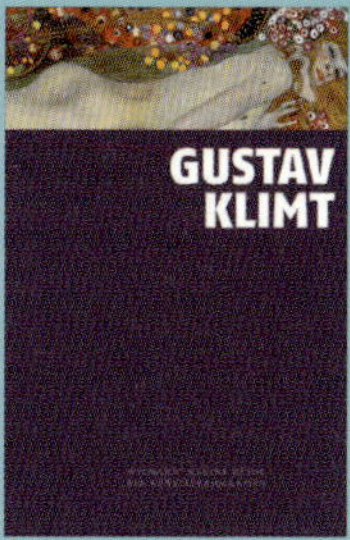

978-3-86832-387-0

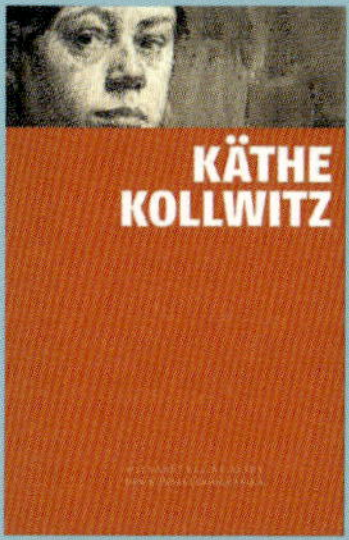

978-3-86832-285-9

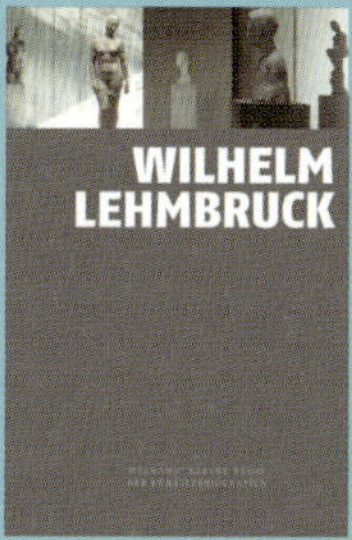

978-3-86832-388-7

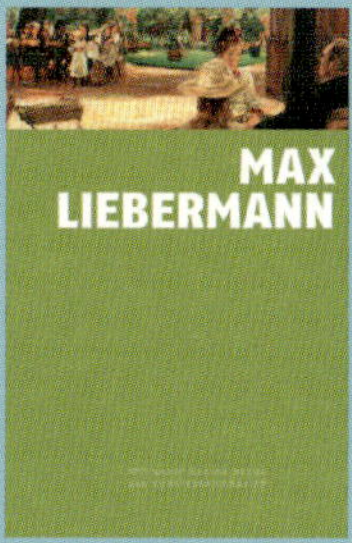

978-3-86832-373-3

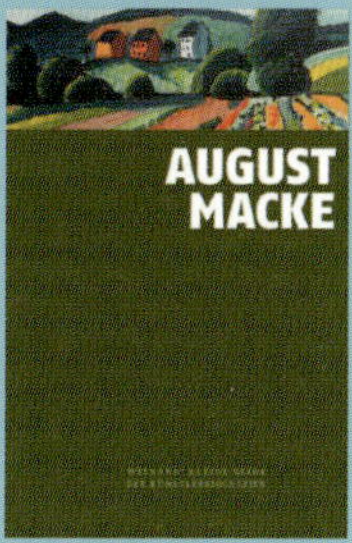

978-3-86832-208-8

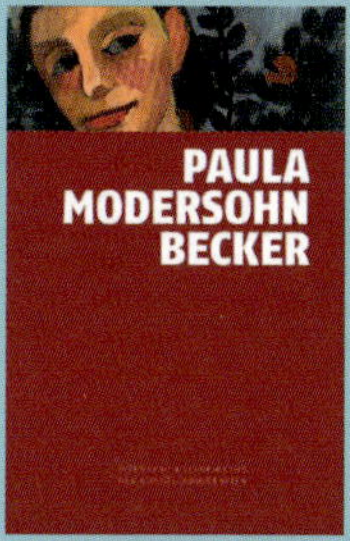

978-3-86832-210-1

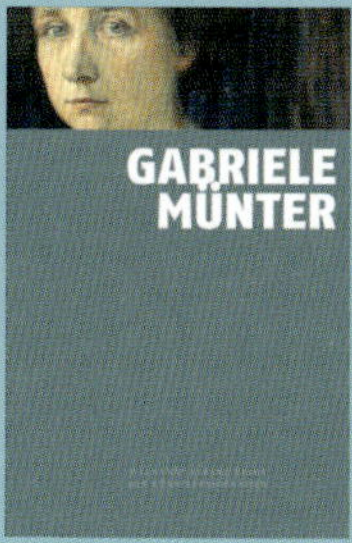

978-3-86832-372-6

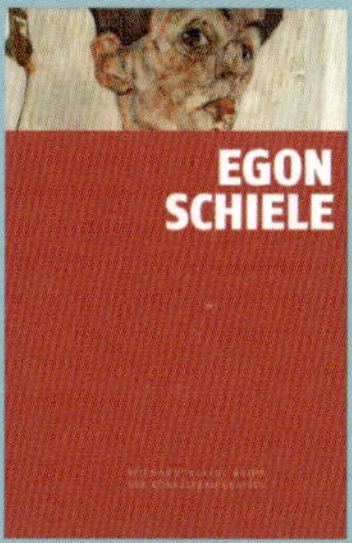

978-3-86832-374-0

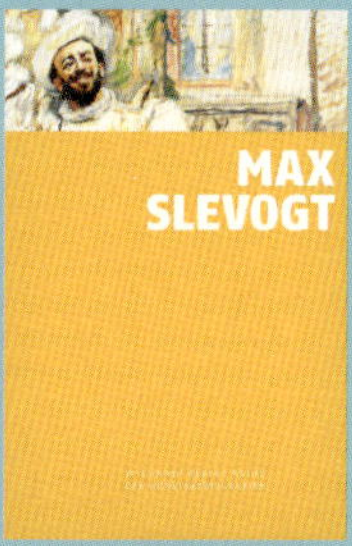

978-3-86832-442-6

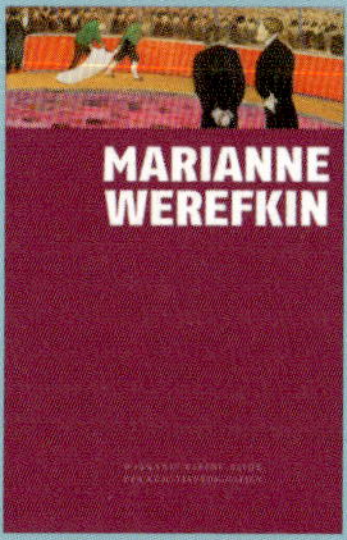

978-3-86832-540-9

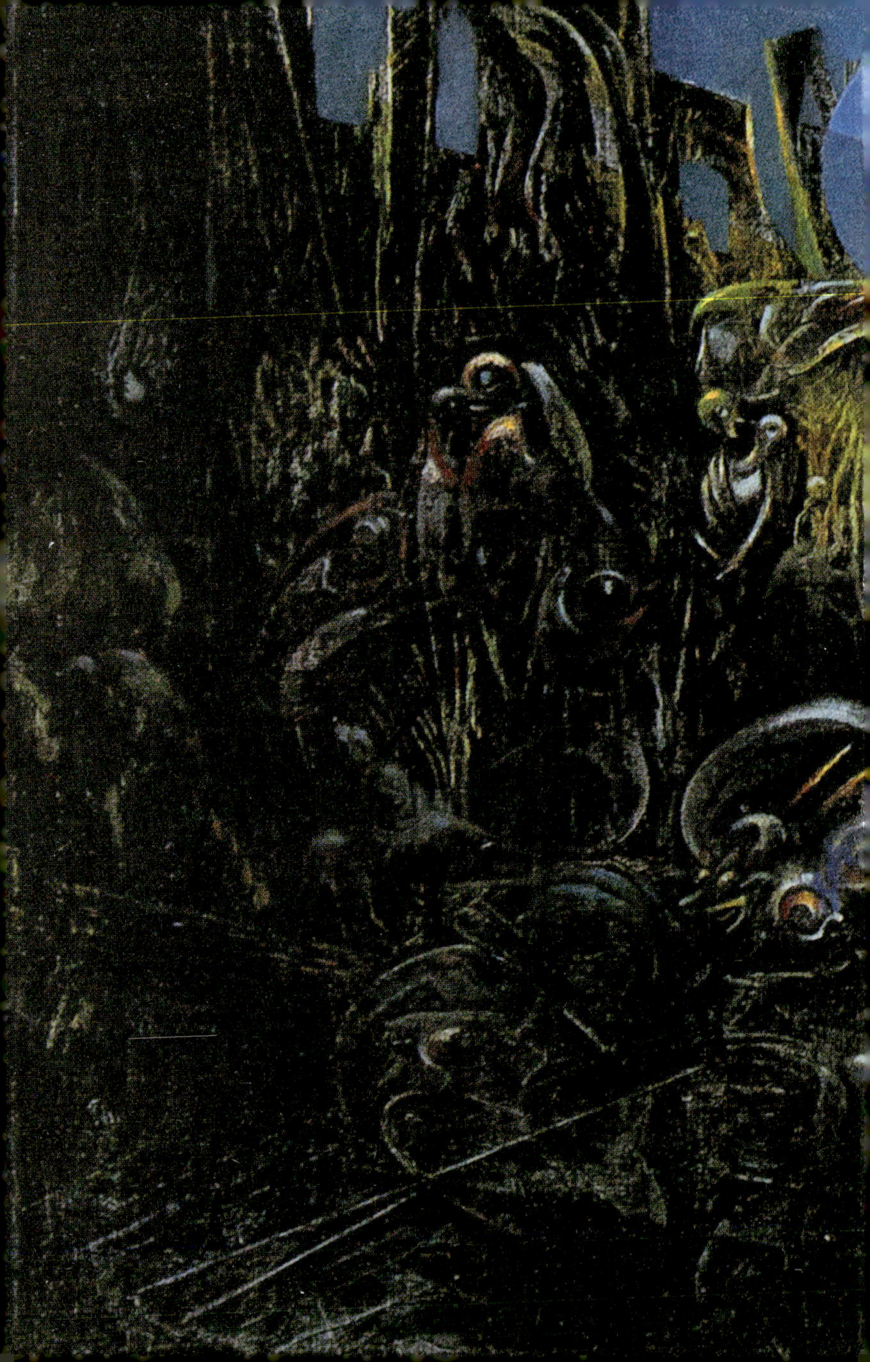